Dirk und Christa Lüling

Mit feinen Sensoren
Hochsensitive Kinder verstehen
und ins Leben begleiten

© Copyright 2014 by Asaph-Verlag. All rights reserved.
Umschlaggestaltung: joussenkarliczek, D-Schorndorf
(unter Verwendung eines Fotos von © Fotoline/Photocase.com)
Satz/DTP: Jens Wirth
Druck: cpi books
Printed in the EU

ISBN 978-3-940188-77-9
Bestellnummer 147477

Dieser Titel ist auch als E-Book erhältlich.

Für kostenlose Informationen über unser umfangreiches Lieferprogramm
an christlicher Literatur, Musik und vielem mehr wenden Sie sich bitte an:

Asaph, Postfach 2889, D-58478 Lüdenscheid
asaph@asaph.net – www.asaph.net

Inhalt

Vorbemerkung 7

Typisch hochsensitiv … 9

Kapitel 1
Grundlagen 13
   Hardware und Software der „Orchideenkinder" 13
   Neurologische und biochemische Grundlagen der
   Hochsensitivität – die „Hardware" 17
      Extrovertiert und introvertiert 22
      Hochsensitivität oder AD(H)S? 24
   Checkliste 29

Kapitel 2
Hochsensitive Kinder im Babyalter 31

Kapitel 3
Hochsensitive Kinder im Kindergarten 41
   Ergänzung zum Kindergartenalter:
   Fragen und Antworten aus den Seminaren 63

Kapitel 4
Hochsensitive Kinder in der Schule 71

Kapitel 5
Hort und ganztägige Betreuung an der Schule 87

Kapitel 6
Hochsensitive Teenager 91

Kapitel 7
Aspekte der Hochsensibilität 99
   Wie wird ein Kind zum Lastenträger? 99
   Feine Antennen – Intuition und Empathie 103

Kapitel 8
Den Umgang mit Gefühlen lernen 113
   Empathisch-hochsensitive Kinder und Gefühle 123
   Die Wahrnehmung intuitiv-hochsensitiver Kinder prüfen 129
   Die Wahrnehmung begrenzen 130
   Fragen und Ergänzungen 134

Kapitel 9
Eine gute Perspektive 141

Anmerkungen 149

Literaturangaben 153

Weitere Hinweise 155

Vorbemerkung

Warum dieses Buch? – Bei unseren Seminaren für hochsensible Menschen wurde immer wieder der Wunsch nach einem Seminartag zum Thema „Hochsensible Kinder" geäußert. Nach einigem Zögern machten wir uns daran, dieses Thema gemeinsam mit zwei Mitarbeiterinnen auszuarbeiten, und luden zum Seminar ein. Die Reaktion der teilnehmenden Eltern und Erzieher war: „Das müssen auch die Erzieher und Lehrer unserer Kinder hören. Wie können wir ihnen das vermitteln?" Uns allen war klar, dass die Verbreitung des Themas durch Seminare Grenzen hat. So entstand während des letzten Tagesseminars die Idee, die Vorträge zu tippen und in Buchform zu bringen. Wir fanden schnell eine Mitarbeiterin, die die Vorträge hörte und gleichzeitig in den PC tippte. Dann haben wir das Geschriebene überarbeitet und ergänzt. An einigen Textpassagen lassen wir bewusst noch den Vortragsstil durchklingen. So haben wir z. B. die Frage- und Antwortzeiten des Seminars ins Buch übernommen.

Die Vorträge wurden in der Ich-Form gehalten. Da man die Sprecherin im Buch leider nicht sehen kann, sollten Sie wissen, dass sich hinter „ich" in der Regel Christa Lüling verbirgt und in den Kapiteln zwei bis vier Mareike Dahlmann-Krötz.

Sie werden beim Lesen auch feststellen, dass sich einige wichtige Aspekte wiederholen. Solche Überschneidungen lassen sich nicht vermeiden, wenn verschiedene Referenten ein Gesamtthema unter unterschiedlichen Gesichtspunkten angehen. Sehen Sie es uns nach, falls es Sie stören sollte, und freuen Sie sich, dadurch wieder etwas weiser zu werden – wie ein russisches Sprichwort sagt: „Wiederholung ist die Mutter der Weisheit."

Engagierte Eltern werden auch feststellen, dass viele unserer Erziehungstipps für alle Kinder gelten und nicht nur für hochsensitive. Der Grund ist, dass wir im Rahmen unseres Vereins Team.F e.V. seit vielen Jahren Vorträge zu Erziehungs- und Familienthemen halten. Dafür schlägt unser Herz, denn dieses Wissen hat in unserer Familie vor vielen Jahren ausgereicht, um unseren fünf Kindern, von denen einige hochsensibel sind und eines ein frühkindliches Trauma hatte, eine gute Erziehung angedeihen zu lassen. Natürlich wären zusätzliche Informationen und Tipps für die hochsensiblen Kinder sehr hilfreich gewesen, aber das war damals noch kein Thema.

Danken möchten wir Uta Marquard und Mareike Dahlmann-Krötz, die mit uns das Seminar entwickelt und nun auch zur Entstehung des Buches beigetragen haben. Die Themen über die Baby-, Kindergarten- und Schulzeit wurden im Wesentlichen von den beiden erarbeitet. Uta Marquard war viele Jahre stellvertretende Leiterin einer Kindertagesstätte in Frankfurt und arbeitet jetzt mit Schulkindern in einem sozialen Brennpunkt in Hamburg. Sie hat auch das Kapitel 5 zum Buch beigesteuert. Mareike Dahlmann-Krötz ist Erzieherin im Kindergarten einer Elterninitiative in Lüdenscheid. Sie bringt zusätzlich ihre Erfahrungen als Mutter eines hochsensitiven Sohnes ein. Darüber hinaus danken wir allen, die das Buch durch ihre persönlichen Beiträge bereichert haben. Zur Wahrung der Privatsphäre wurden ihre Namen im Buch geändert.

Für Rückmeldungen und Ergänzungen sind wir dankbar. Auf unserer Homepage www.feine-sensoren.de ist ein Forum eingerichtet, wo Sie zur Ermutigung für andere Eltern Ihre guten Erfahrungen und Erziehungstipps mitteilen können.

Ihre

Dirk und Christa Lüling

März 2014

Typisch hochsensitiv ...

„Als Kind hatte ich immer eine besondere Anteilnahme für meine Eltern und Geschwister. Als ich zwischen 12 und 16 war, wurde ich von ihnen oft als Berater oder Vertraute in ihre Probleme hineingezogen. Das war zum Teil sehr belastend, vor allem, wenn meine Mutter mich ins Vertrauen zog über Dinge, die ich in dem Alter nicht hätte wissen sollen. Dadurch habe ich ein Stück unbeschwerte Kindheit verloren."

„Als mein Sohn zwischen ein und drei Jahren war, mussten wir ihn abends zu einer bestimmten Zeit im Bett haben. Sonst war er vom Tag so überreizt, dass er eine Stunde lang Theater machte und schrie. Es war dann kaum möglich, ihn zu beruhigen und ins Bett zu kriegen."

„In meiner Klasse war ein Junge, der sehr schlecht lesen konnte. Er stotterte dabei. Weil er ausgelacht wurde, habe ich so sehr mit ihm gelitten, dass ich körperliche Schmerzen hatte. Ich fühlte mich dann richtig krank und es dauerte immer eine Weile, bis ich mich innerlich wieder gefangen hatte."

„Meine Tochter (7 Jahre) beobachtet mich genau und sagt oft: ‚Du guckst so traurig.' Sie tröstet gerne, ist ganz liebevoll und gibt gerne Zuspruch. Sie hat einen sehr hohen Anspruch an sich selber, möchte unbedingt alles richtig machen. Wenn sie im Klavierunterricht auf einen Fehler hingewiesen wird, fängt sie an zu weinen. Sie fühlt sich schnell unverstanden und steckt lieber selbst zurück, als dass es anderen schlecht geht."

„Ich war etwas anders als andere. Bei längeren Autofahrten konnte ich nie schlafen. Ich war immer hellwach und habe über meine ‚Antennen' alle Reize intensiv aufgenommen."

„Meine extrovertierte Tochter wurde im Kindergarten und in der Schule oft als pflegeleichtes Kind bewundert, mittags kam sie aber total überreizt nach

Hause. Ihre ‚Zwischenablage' war voll mit unverarbeiteten Eindrücken. Kaum ging die Haustür auf, fing sie an zu kreischen. Manchmal hat sie dabei fast erbrochen. Sie brauchte immer einige Zeit, um ihre Seelenlast und ihre Überreizung herauszuschreien. Nach einer ganzen Weile ging es ihr dann besser."

„Ich habe immer geweint und es nicht ausgehalten, wenn die Nachbarkinder Regenwürmer zerschnitten."

„Mein Sohn hat im Grundschulalter jeden Abend für jedes Kind in der Klasse gebetet und dann für die Engel gedankt, die nachts an seinem Bett aufpassen. Als empathisches Kind hat er sich jedoch auch um das Wohl der Engel gesorgt und gebetet: ‚Und, lieber Gott, sag doch dem Engel, der vor meinem Bett steht, dass er auch mal mit dem Engel, der an der Wand steht, tauschen soll, weil es für den so eng ist zwischen meinem Bett und der Wand.'"

„Von meiner Grundschullehrerin erhielt ich eine Empfehlung zur Hauptschule. Meine Leistungen waren damals schwach, weil ich mehr daran interessiert war, wie es meinen Mitschülern ging, die oft aus sozial schwachen Verhältnissen kamen. Wie es den Menschen geht, war für mich wichtiger als das Lernen. Ich kam auch nicht zum Lernen, weil ich ständig damit beschäftigt war, für Gerechtigkeit zu sorgen und Ungerechtigkeiten anzusprechen. Heute bin ich Kunstpädagogin und bilde an der Uni Lehrer aus."

„In der Grundschule war ich ein schlechter Schüler. Ich habe immer die Kinder ganz genau beobachtet, die gerade drangenommen wurden, und mir zu ihnen viele Gedanken gemacht: Was haben sie an, mit welcher Stimme sprechen sie, wie fühlen sie sich gerade, haben sie wohl Angst, weil sie dran sind ...? So war ich in Gedanken immer bei den anderen Kindern, aber nicht beim Thema. Die Gedanken über die Kinder habe ich auch zu Hause weiter bewegt."

„Ich habe als Schuljunge immer gedacht: ‚Die sind alle schneller als ich. Ich lasse die alle laufen, aber ich hole das nach. Ich sehe viel mehr als die anderen, aber das muss ich alles erst mal einordnen. Ich weiß, ich hole das später wieder auf.' So war es immer in meinem Leben. Ich bin später dran als andere, aber dafür sehr viel gründlicher. Im Unterricht verstand ich auch fast nie, worum es ging. Zu Hause habe ich dann versucht, alles nachzuholen, denn zu Hause konnte ich mich konzentrieren. Da hatte ich Ruhe und nicht die Ablenkung und den Zeitdruck. Ich habe später studiert und leite heute meine eigene kleine Firma."

„Bei Gruppenarbeiten in der Schule war ich immer blockiert. Ich mochte das nicht, weil ich mehr Zeit zum Nachdenken brauchte. Oft hatte ich gute Ideen, aber die anderen waren schneller. Das fand ich blöd, es sah immer so aus, als wäre ich zu dumm."

Ja, hochsensitive Kinder sind besondere Kinder mit besonderen Begabungen!

Wenn sie ohne Ablenkung denken und arbeiten können, haben sie die Fähigkeit, sich gut zu konzentrieren. Besonders gut sind sie bei Aufgaben, die Umsicht, Sorgfalt und das Aufspüren von feinen Unterschieden erfordern. Mit ihrem Wissensdurst und ihren tiefen Fragen können sie Eltern und Lehrer ganz schön nerven. Zum Glück ist ihr Gehirn so geschaffen, dass sie vieles einfach durch genaues Beobachten verstehen und lernen.

Mit ihren feinen Sensoren nehmen sie Stimmungen und Feinheiten wahr, die anderen entgehen. Dann denken sie auch tiefer und sorgfältiger nach und machen sich Gedanken über Vergangenes und Zukünftiges, denn sie lieben es zu ergründen, „was die Welt im Innersten zusammenhält". Mithilfe einer ausgeprägten Intuition kommen sie häufig zu Lösungen, ohne Fakten zu kennen.

Sie haben eine breite Wahrnehmung, eine regelrechte Wahrnehmungsbegabung. Und was sie wahrnehmen, verarbeiten sie auf einer tieferen Ebene als andere Menschen. Da es oft anstrengend ist, mit so vielen Impulsen umzugehen, brauchen sie tagsüber mehr Pausen und nachts einen guten Schlaf. Darum erwecken sie manchmal den Eindruck, schwach und allzu sensibel zu sein. Aber sie leisten eben in der gleichen Zeit oft mehr als andere, man sieht es nur nicht, weil es sich im Innern abspielt.

Oft wissen hochsensitive Kinder auch, wie Beziehungen sein sollten, was richtig und was falsch ist und welche Folgen bestimmte Entscheidungen nach sich ziehen werden. Sie können Vergangenes, Gegenwärtiges und Zukünftiges miteinander verbinden und erkennen, welche Entscheidungen gut wären. Doch leider wird zu selten auf sie gehört, weil andere so ungeduldig sind und lieber schnelle Ergebnisse sehen wollen.

Viele hochsensitive Kinder haben eine besondere Liebe zur Natur. Da fühlen sie sich ihrem Schöpfer nahe und kommen innerlich zur Ruhe. Sportliche Wettkämpfe betrachten sie oft als überflüssig – ihre Stärken liegen eben woanders.

Ihre Feinfühligkeit und Gewissenhaftigkeit ist von großem Vorteil, um Irrtümer und Fehlentwicklungen aufzuspüren. Deshalb sind sie gut im Vermeiden von Fehlern. Sie machen nicht gerne Fehler und verkraften Kritik nur schwer.

Natürlich denken sie auch sehr viel über sich selber nach, wahrscheinlich mehr als andere, denn sie lernen gerne. Sie möchten in unserer Gesellschaft lieber nicht auffallen, was ihnen aber oft nicht gelingt. Ihr Vorteil ist, dass sie ihr zukünftiges Verhalten so gründlich durchdenken können, dass es ihnen so vorkommt, als hätten sie es bereits erlebt. Das kostet Zeit, aber es bewahrt sie auch vor vielen Fehlern.

Sie haben eine besondere seelische Stärke, die in Krisen eine ungeahnte Festigkeit zeigt. In herausfordernden Situationen können sie mit Ruhe und Umsicht reagieren, wenn man sie lässt. Dadurch können sie kritische Situationen zum Guten wenden. Aber danach sind sie sehr erschöpft und brauchen eine Auszeit.

Da sie recht intelligent sind, oft sogar hochintelligent, haben sie als Erwachsene ein fundiertes Wissen in einem speziellen Bereich. Man kennt sie als gebildete, gewissenhafte und vorsichtige Menschen. Sie stehen nicht gerne in der ersten Reihe, denn zu viel Verantwortung kostet sie zu viel Kraft. Aber wenn sie einen Platz in der zweiten Reihe haben, dann sind sie echt klasse.

Hochsensible hat es zu allen Zeiten gegeben, sie wurden allerdings nicht so benannt. Sie sind diejenigen, die das Wissen der Menschheit aufgeschrieben und es von Generation zu Generation weitergegeben haben. Sie stellen die herausragenden Persönlichkeiten in den Bereichen Heilung, Lebenshilfe, Kunst, Musik und Wissenschaft, und seit alters her sind sie bekannt als die Mittler zwischen Gott und Menschen. Elaine Aron schreibt ganz treffend über sie: *Hochsensitive Menschen sind berufen zu königlichen Priestern und Ratgebern.*

Ja, das ist ihr Potenzial. Doch leider haben sie als Kinder oft keinen so guten Start ins Leben, weil sie die Eltern mit ihren Besonderheiten oft an Grenzen bringen. Um zu starken, selbstbewussten Erwachsenen zu werden, brauchen sie jedoch Verständnis und die besondere Begleitung ihrer Eltern und Erzieher. Darum, liebe Eltern (und Erzieher und Lehrer), lesen Sie bitte dieses Buch, um sie zu verstehen.

Lernen Sie die hochsensitiven Kinder kennen!

Kapitel 1

Grundlagen

Hochsensibilität ist wie ein Präzisionswerkzeug, das beeindruckend leistungsfähig ist, in der Wahrnehmung und im kreativen Output. Doch leider ist es ein Werkzeug, für das wir keine Gebrauchsanweisung erhalten haben und das wir versuchen zu verstehen durch Versuch und Irrtum. – Georg Parlow

Hardware und Software der „Orchideenkinder"

Hochsensibilität ist keine Krankheit! Immer wieder erhalten wir E-Mails und Anrufe, wo jemand fragt: „Wie werde ich das wieder los?" – Nein, das geht nicht, Hochsensitivität ist angeboren, meist sogar vererbt, und sie begleitet einen Menschen ein Leben lang. Bei indigenen Völkern rund um den Globus ist Hochsensitivität sogar eher die Regel.[1] Dann gibt es Völker, in denen die Eigenschaften von Hochsensitiven besonders geschätzt und gefördert werden.[2] Aber wir finden diese Menschen auch in unserer Gesellschaft. Elaine Aron geht von einem Anteil von 15 bis 20 Prozent aus. Susan Cain schreibt über solche Kinder: „Ist Ihr Kind hochsensibel …, handelt es sich möglicherweise um ein sogenanntes ‚Orchideenkind'. Dieser Begriff stammt aus einer bahnbrechenden Hypothese, die von Psychologen jetzt überprüft wird. Danach gedeihen viele Kinder ähnlich wie Löwenzahn in fast jeder Umgebung, während andere Kinder eher den Orchideen gleichen. Sie welken leicht, aber in einer fördernden Umgebung entwickeln sie sich sogar besser als Löwenzahnkinder. Sie sind oft gesünder, haben bessere Noten und stabilere Beziehungen. Eine führende Verfechterin der Orchideenhypothese, Jay Belsky von der University of London, erklärt, Eltern von Orchideenkindern könnten sich glücklich schätzen, denn ‚die Zeit und Mühe, die sie aufwenden, zahlt sich aus. Statt ihre Kinder als zerbrechlich zu betrachten, sollten ihre Eltern sie als formbar sehen – zum Schlechteren, aber auch zum Besseren hin.'"[3]

Man muss nicht Biologe sein, um zu wissen, dass eine Orchidee eine andere Genetik hat als ein Löwenzahn und andere Bedingungen braucht, um gut zu gedeihen. Beide Blumen erfreuen uns und fordern uns heraus, jede auf ihre Weise. Im Frühjahr lässt der Löwenzahn ganze Wiesen wunderschön gelb erstrahlen, aber im Gartenbeet ist er eine Plage. Orchideen erfreuen uns auf unseren Fensterbänken mit ihren wunderschön geformten Blüten und intensiven Farben, aber ohne gewissenhafte Pflege gibt es keine neuen Blütentriebe.

So haben auch hochsensible Kinder eine besondere Genetik, die sie einzigartig anders macht. Bestimmte Eigenschaften der Gehirnphysiologie im Zusammenspiel mit neurobiologischen Abläufen im Körper bilden ihre spezielle „Hardware". Dazu passend entwickeln sie durch entsprechende Lebenserfahrungen eine „Software", um in ihrem Leben zurechtzukommen. „Software" steht für hilfreiche und weniger hilfreiche Denkmuster und Gewohnheiten, wie sie jeder Mensch ausbildet, um im Leben zurechtzukommen. Es sind Lebens- und auch Überlebensprogramme, die das menschliche Gehirn ab der frühesten Kindheit entwickelt. Entscheidend für diesen Prozess ist das soziale Umfeld. Vor allem die Reaktionen und Anleitungen von Eltern, Erziehern und Lehrern tragen dazu bei, ob ein Kind gute Lebensprogramme entwickelt oder nicht. In diesem Buch werden Sie Informationen und Anleitungen finden, wie Sie Ihrem hochsensitiven Kind helfen können, für sich hilfreiche Lebensprogramme zu entwickeln oder bereits bestehende negative Muster zu verändern.

Leider ist zu beobachten, dass sich bei vielen hochsensitiven Erwachsenen im Lauf der Zeit eher belastende Denk- und Lebensmuster ausgebildet haben. Diese „Software" überlagert ihre Hochsensitivität und beeinträchtigt oft ihre Lebensqualität. Immer wieder schütten uns hochsensitive Menschen ihr Herz aus und erzählen von ihren verletzenden Kindheitserfahrungen: Von niemandem wurden sie als hochsensitiv erkannt und verstanden. Im Gegenteil, sie wurden sogar verlacht, beschimpft, beschämt und oft als Außenseiter gemieden. Sie waren wie Orchideen und sollten wie ein Löwenzahn sein. Aus diesem Grund haben sie irgendwann begonnen, ihre Hochsensibilität abzulehnen, manche wurden überempfindlich. Für viele war es auch einfach nur schwer, als hochsensitive Person in unserer leistungsorientierten Gesellschaft zurechtzukommen und einen passenden Platz zu finden. Darum finden wir bei erwachsenen Hochsensiblen so häufig tiefen inneren Schmerz, Scham und auch Resignation. Nicht selten fließen Tränen, wenn sie uns ihre leidvolle Geschichte erzählen. Diese andere Art „Software" zeigt sich in ihrem Leben durch ein schlechtes Selbstbild, durch überempfindliche Reaktionen und Verhaltensweisen oder auch durch eine große Härte, die sie sich zugelegt haben, um im Leben bestehen zu können. Solche belastenden Programme verändern und auflösen zu wollen, bereitet ihnen später viel Mühe. Ihr Leben wäre so viel leichter und angenehmer verlaufen, wenn diese Muster gar nicht erst entstanden wären.

Dieses Buch soll dazu beitragen, hochsensitiven Kindern belastende Lebenserfahrungen zu ersparen. Es ist uns ein Anliegen, dass diese feinen, intelligenten Kinder nicht auf sich selbst gestellt, durch Versuch und Irrtum, mühsam dahinterkommen müssen, wie sie in unserer Gesellschaft bestehen und im Frieden mit ihrer Hochsensibilität leben können. Alle an Kindererziehung beteiligten Erwachsenen sollten ein Grundverständnis für hochsensitive Kinder haben und sie anleiten und unterstützen können, ihre besondere Empfindsamkeit als Gabe sinnvoll in ihr Leben zu integrieren. Hochsensitive Menschen, die das gelernt haben, kommen im Leben gut zurecht und haben in der Regel keine Probleme mit ihrer Hochsensitivität. Sie kennen ihre Fähigkeiten und ihre Grenzen, sie haben gute Lebensstrukturen und fallen gar nicht besonders auf. Diese entspannte Zukunft sollten wir unseren Kindern ermöglichen. Die „Hardware" der Hochsensiblen ist unveränderbar, aber die Entwicklung einer hilfreichen „Software", sprich: guter Lebensmuster und innerer Stärke, ist mit Hilfe verständnisvoller Erwachsener möglich.

Sie haben sicherlich bemerkt, dass wir zwei leicht unterschiedliche Begriffe verwenden, um denselben Sachverhalt zu beschreiben. Der Begriff „Hochsensibilität" hat sich eingebürgert, weil er in der Übersetzung von Elaine Arons Buch „Sind Sie hochsensibel?" verwendet wird. Wir sind der Meinung, dass „hochsensitiv" eigentlich treffender ist (im Englischen heißt es auch „highly sensitive"), denn viele Menschen assoziieren mit „hochsensibel" etwas Negatives: hochsensibel = übersensibel = überempfindlich. Und überempfindliche Menschen gelten allgemein als schwierig und unangenehm. Die ausgeprägte Empfindsamkeit Hochsensitiver ist jedoch etwas ganz anderes als die Überempfindlichkeit von verletzten Menschen. Jeder, der aufgrund seiner Lebensgeschichte seelisch verletzt wurde, neigt dazu, in bestimmten Situationen überempfindlich zu reagieren. Mit *Hochsensibilität* oder *Hochsensitivität* dagegen ist eine bestimmte angeborene neurobiologische Eigenschaft gemeint. Wie oben dargestellt, sind viele Hochsensitive aufgrund ihrer Lebensgeschichte leider auch überempfindlich. Bei manchen Menschen, die zu uns kommen, weil sie sich hier in ihrer ausgeprägten Sensibilität verstanden fühlen, stellen wir beim genaueren Hinsehen fest, dass es sich dabei eher um die Folge einer traumatischen Erfahrung in der Kindheit handelt als um eine angeborene Hochsensitivität. Oft liegt jedoch auch beides gleichzeitig vor. Kinder und Erwachsene, die ein Trauma zu verarbeiten haben, benötigen vor allem therapeutische Hilfe. Für traumatisierte Kinder sind neben der fachlichen Hilfe verständnisvolle Eltern und ein gut strukturierter Alltag, wie wir es in den folgenden Kapiteln beschreiben, sehr wichtig.

Aus stilistischen Gründen benutzen wir beide Wörter. Lassen Sie sich dadurch nicht irritieren, wir meinen immer das Gleiche. Außerdem haben wir etliche Male die langen Begriffe abgekürzt: „HS" steht für *hochsensitiv* oder *Hochsensitivität*, „HSP" steht für *hochsensitive Person* und „HSK" für *hochsensitives Kind*.

Neurologische und biochemische Grundlagen der Hochsensitivität – die „Hardware"

Um Ihnen den Zugang zu bestimmten Bedürfnissen und Verhaltensweisen Ihres Kindes zu erleichtern, machen wir Sie zunächst mit den derzeit bekannten neurobiologischen Abläufen im Körper der HSP vertraut. Sie lernen also die „Hardware" kennen, mit der Ihr Kind jeden Tag lebt. Der Verständlichkeit halber reduzieren wir die Beschreibung auf die wichtigsten Punkte (Fachleute mögen uns diese Vereinfachung verzeihen). Danach beschreiben wir typische Merkmale und Eigenschaften hochsensitiver Kinder, um dann darauf einzugehen, wie Sie Ihrem Kind helfen können, eine gute „Software" zu entwickeln, mit der es im Leben bestehen kann.

Die sehr komplexen Vorgänge im Gehirn und im Körper eines Menschen werden zur Zeit mehr und mehr erforscht; es gibt ständig neue Erkenntnisse. Jerome Kagan, ein Psychologe der Harvard-Universität, hat Untersuchungen mit Säuglingen durchgeführt und bei den besonders empfindsamen Babys bestimmte Merkmale entdeckt.[4] Einige dieser Merkmale beschreiben wir hier kurz. Die hochsensiblen Säuglinge hatten im Blut und im Gehirn eine hohe Konzentration von Noradrenalin. Im Gehirn wirkt Noradrenalin als biochemischer Botenstoff, als Neurotransmitter. Neurotransmitter sind nötig, um Erregungen von einer Nervenzelle auf eine andere Zelle zu übertragen. Es ist offensichtlich: Wer mehr Botenstoffe zur Verfügung hat, bei dem wird eine Erregung intensiver übertragen, das Denken ist in gewisser Weise wacher und arbeitet effizienter. Im Vortrag demonstriere ich das meinen Zuhörern so: „Damit meine Stimme an Ihrem Ohr ankommt, gibt es die Verstärkeranlage und die Lautsprecher. Diese sind die ‚Botenstoffe', die meine Stimme zu Ihrem Ohr übertragen. Wenn nun der Techniker die Verstärkeranlage etwas weiter aufdreht" (der Techniker schiebt den Ausgangsregler hoch, sodass meine Stimme sehr laut wird), „dann ist es für Sie unangenehm laut, auf Dauer sogar nervend und schmerzhaft. So etwa können wir es uns vorstellen, wenn jemand hochsensitiv ist: Bestimmte Sinneseindrücke kommen verstärkt im Bewusstsein an. Möchten Sie den ganzen Tag bei dieser Lautstärke zuhören? – Warum nicht? – Es strengt an, oder? Irgendwann hat man genug und möchte sich schützen."

Dieser kleine Versuch illustriert den nicht hochsensiblen Zuhörern, was mit Hochsensitivität gemeint ist. Die laute Stimme wird als lästig erlebt. Aber es gibt auch Situationen, wo eine stärkere Wahrnehmung sehr von Vorteil ist. Musiker und andere Künstler vollbringen exzellente und erstaunliche Leistungen, weil sie in der Lage sind, leiseste Töne oder kleinste Veränderungen wahrzunehmen und zum Ausdruck zu bringen. Leise, sanfte Impulse wahrzunehmen ist eine besondere Fähigkeit, die viele Menschen nicht besitzen und auch kaum lernen können. Darum sprechen wir in dem Zusammenhang gerne von einer *Gabe*.

Bei der Hochsensitivität kommt ein weiterer Faktor dazu. Der ständig erhöhte Noradrenalinspiegel im Blut Hochsensibler führt, wie Adrenalin, zu einem Anstieg des Blutdrucks. Sie kennen das: Wenn Sie sich z. B. erschrecken, wird Adrenalin ausgeschüttet, das uns befähigt, Kraftreserven zu mobilisieren, um die Flucht zu ergreifen oder um den Kampf aufzunehmen. Sie spüren es daran, dass Sie in einen seltsamen körperlichen Erregungszustand geraten, den manche als eine Art Rausch wahrnehmen. Stellen Sie sich nun vor, neben dem Noradrenalin durch eine Erregung, wie sie bei einer Überreizung entsteht, auch mehr Adrenalin im Blut zu haben! Das bedeutet, dass der Körper sich beinahe ständig in einem erhöhten Erregungszustand befindet, in einer inneren Habachtstellung. Es ist, als würde man ständig auf einen Einsatz warten. Das ist innerer Stress mit den entsprechenden Folgen. Bewegung würde helfen, den inneren Stress zu reduzieren, aber dazu gibt es nicht immer eine Gelegenheit. Es ist zu beobachten, dass hochsensitive Kinder und Erwachsene häufig unter Stresssymptomen leiden, z. B. unter Schlafstörungen oder der Unfähigkeit, innerlich zur Ruhe zu kommen. Darum schreien überdrehte Babys oft anhaltend und sind nicht zu beruhigen. Obwohl sie todmüde sind, rotieren sie innerlich aufgrund des hohen Adrenalinspiegels und sie finden nicht zu der Entspannung, die sie zum Einschlafen und für erholsamen Schlaf brauchen.

Nun kommt eine weitere Komponente ins Spiel. Wenn jemand stark erregt ist oder unter Stress steht, schüttet der Körper vermehrt Cortisol aus. Dieses Hormon hilft, den Stress zu regulieren und abzubauen. Kagan stellte fest, dass im Blut der hochsensitiven Kinder, selbst wenn sie keinen akuten Stress hatten, ständig mehr Cortisol vorhanden war als in dem der Vergleichsgruppe. Cortisol wirkt länger als Adrenalin und wird nur langsam wieder abgebaut, und zwar durch die tiefe Entspannung beim Schlafen oder durch Ruhezeiten. So ist es verständlich, dass Hochsensible mehr Ruhezeiten und Schlaf benötigen, um ihr biochemisches Gleichgewicht im Körper auszubalancieren. Ist ihnen das über längere Zeit nicht möglich, dann schaukelt sich das System hoch und sie kommen nicht mehr zur Ruhe. Es entsteht ein Kreislauf der Überstimulation, dem hochsensitive Kinder und Erwachsene ausgeliefert sind. Ihr Erregungsniveau ist ständig hoch, was Kraft kostet und häufig zu somatischen Beschwerden und Anfälligkeiten für Krankheiten führt. Das macht es dann zusätzlich schwer zu entspannen.

Es gibt wissenschaftliche Studien zum Verhältnis zwischen unbewusster Wahrnehmung und bewusster Wahrnehmung. Der Wissenschaftsjournalist Tor Nørretranders gibt in seinem Buch „Spüre die Welt"[5] folgende Werte an, gemessen in Bits pro Sekunde: Das Auge empfängt in jeder Sekunde etwa 10 Millionen Bits, das Ohr 100.000, die Haut eine Million. Das ist viel, sehr viel! Darum filtert unser Gehirn diese Impulse und lässt nur das im Bewusstsein ankommen, was für uns erträglich ist und verarbeitet werden kann. Hier sehen Sie, was „übrig bleibt":

	unbewusste Wahrnehmung	bewusste Wahrnehmung
Augen	10.000.000	40
Haut	1.000.000	5
Ohren	100.000	30

Sie sehen, nur eine verschwindend geringe Datenmenge kommt in unserem Bewusstsein an. Es ist die Menge, mit der wir gut leben können. Mehr ist nicht nötig und mehr würde uns auch überfordern.

Bei hochsensitiven Menschen werden jedoch vermehrt einströmende Impulse weitergeleitet, weil mehr Neurotransmitter aktiv sind. Was sind die Folgen? Die Verarbeitung dieser vielen Impulse kostet natürlich mehr Kraft, und was Kraft kostet, führt zur Erschöpfung. Darum brauchen viele Hochsensitive mehr Auszeiten bzw. mehr Schlaf. In Situationen, in denen HS-Kinder sich nicht abschotten können und keine Ruhe finden, tritt irgendwann ganz plötzlich eine Reizüberflutung und Überstimulation ein, und dann geht gar nichts mehr. Unter dem inneren Stress der vielen Eindrücke werden die Kinder unleidlich. Sie schreien oder weinen scheinbar grundlos, andere drehen voll auf oder blockieren auf der ganzen Linie. Eltern, die die inneren Zusammenhänge nicht kennen, stehen hilflos daneben oder werden selbst zornig und üben Druck aus, was die Situation des Kindes noch verschlimmert.

Um die vielen Informationen verarbeiten zu können, haben HSP eine Art „Zwischenablage", wo sie Informationen bis zur endgültigen Verarbeitung vorübergehend ablegen. Bei unserem Tagesseminar für HSP beschreiben wir anschaulich, wie frustrierend es für Ehepartner sein kann, wenn sie das nicht wissen und die HSP ihre „Zwischenablage" in einem Gespräch bearbeitet. Das geschieht nämlich zeitversetzt: erst, wenn genug Ruhe ist, um sich die Informationen noch einmal durch den Kopf gehen zu lassen und dann geordnet abzulegen. Der nicht-hochsensible Partner reagiert oft genervt, weil für ihn das Thema längst erledigt ist, während eine HSP noch mal neu unter diversen Aspekten darüber nachdenkt[6]

Es gibt weitere typische Muster für hochsensitive Menschen. Viele sind schmerzempfindlicher oder sie haben häufig mit Allergien zu tun. Manche haben bei Medikamenten Unverträglichkeiten oder gegenteilige Reaktionen. Etwa 76% der HSP sagen, dass sie durch Hungergefühle beeinträchtigt werden, oder der Blutzuckerspiegel ist tendenziell niedrig und sie leiden unter Schwindelgefühlen oder Übelkeit oder sie sind extrem reizbar. All das ist biochemisch begründet und keine Anstellerei. Hochsensitive Personen, die diese Symptome zeigen, sind ihrer Körperchemie ausgeliefert.

Die Hochsensitivität ist eine eigene Kategorie und unterscheidet sich deutlich von der normalen Sensibilität. Die Übergänge von sensibel bis hochsensibel sind nicht fließend. Der russische Physiologe Iwan Pawlow hat schon vor gut hundert Jahren die Belastbarkeit von Menschen erforscht. Er setzte die Versuchspersonen sehr starkem Lärm aus, der sich ständig steigerte. Ab einer bestimmten Höhe gingen die so beschallten und gequälten Menschen, sogar gegen ihren Willen, in eine Schutzstellung. Zu seinem Erstaunen fand er zwei Gruppen von Menschen, die sich in ihrer Empfindsamkeit deutlich unterschieden. 15 bis 20% der Versuchspersonen erreichten sehr bald einen Punkt, wo sie den Lärm nicht mehr aushalten konnten. Die weniger Sensiblen fingen erst eine ganze Weile später an, sich einer nach dem anderen die Ohren zuzuhalten. Grafisch gesehen haben wir also diese Verteilung:

Nach Pawlows Ansicht unterscheidet sich das Nervensystem der linken Gruppe deutlich von dem der rechten Gruppe. Seine Ergebnisse wurden auch von Psychologen bestätigt.[7] Elaine Aron schreibt, dass dieser eklatante Unterschied in der Sensibilität nicht nur bei Menschen, sondern auch bei allen höheren Tierarten zu beobachten ist, wie etwa Mäusen, Katzen, Hunden, Pferden, Affen.[8]

Viele fragen, ob Hochsensitivität angeboren oder erworben sei. Elaine Aron nimmt an, dass sie in etwa zwei von drei Fällen von Geburt an vorhanden sei. Sie finde sich oft auch bei einem Elternteil oder in den Generationen davor. Bei einem Drittel werde sie durch schwere Kindheitserlebnisse, seelische Verletzungen oder gar Traumata erworben. Durch derartige Erfahrungen wird jeder besonders sensibel. Nicht nur die Seele, sondern auch der Körper reagiert darauf und verinnerlicht die Erfahrung. In diesem Buch gehen wir von der *angeborenen* Hochsensitivität aus, aber viele Tipps helfen auch traumatisierten und stark introvertierten Kindern, mit dem Leben besser klarzukommen.

Bei dieser Aufzählung scheint es so, als ob Hochsensitivität nur Nachteile habe. Aber dem ist nicht so. Jedes Ding hat zwei Seiten. Die spezielle Wahrnehmung und Verarbeitung von Impulsen verleiht Hochsensiblen eine Tiefgründigkeit in der Wahrnehmung und in ihren Gedankengängen, im Lösungsverhalten, im Erkennen großer Zusammenhänge, in der realistischen Einschätzung von möglichen Folgen von Entscheidungen, mit denen sie anderen Menschen überlegen sind. Sie sind nicht die Vorkämpfer in der ersten Reihe, aber wertvolle Unterstützer und Berater mit Weisheit und Durchblick – eben Elaine Arons „priesterliche Ratgeber".

Um Hochsensitivität verständlich zu machen, benutzen wir gerne folgenden Vergleich. Smartphones oder Tablets mit einem Touchscreen sind „in". Schon bei leichter Berührung reagiert der hochsensible Touchscreen und eröffnet dem Benutzer den Zugang zu einer reichen Vielfalt von Programmen. Ähnlich verhält es sich bei Hochsensiblen. Auch sie reagieren auf leichte Impulse und starten dann ihre inneren Programmabläufe. Wenn wir diese besondere Fähigkeit bei ihnen ebenso schätzen würden wie bei unseren technischen Geräten, wären viele Hochsensible glücklicher und zufriedener. So akzeptiert, würden sie mit einem guten Selbstwert ausgestattet unsere Gesellschaft ungemein bereichern, statt sich ständig falsch oder fehl am Platz zu fühlen. Vielleicht hilft es einigen Hochsensiblen, wenn wir es so formulieren: Mit eurer großen Empfindsamkeit und eurem reichen Innenleben seid ihr die „Smartphones unserer Gesellschaft".

Extrovertiert und Introvertiert

Einige hochsensitive Kinder wird man nicht oder nur schwer als solche erkennen: die extrovertierten, die jedoch nur etwa 30% der HSP ausmachen. Bei introvertierten Kindern erkennt man Hochsensitivität eher, weil sie dem typischen Image eines HSK entsprechen. Sie wirken scheu und schüchtern und ziehen sich gerne zurück. Was bedeutet *extrovertiert*, was *introvertiert* in Verbindung mit Hochsensitivität?

Wir alle haben ein inneres Verhaltenshemm- und ein Aktivierungssystem.[9] Das Verhaltenshemmsystem mahnt zur Vorsicht, denn es sagt mir: „Sei vorsichtig, prüfe, was kommt, überlege genau, worauf du dich einlässt, und bedenke, was du beachten musst, damit es dir gelingt." Es veranlasst mich, immer wieder innezuhalten und zu reflektieren: „Wo habe ich das früher schon mal erlebt? War das schrecklich oder schön? Und welchen Schluss habe ich daraus gezogen? Kann ich mich auf die neue Situation einlassen oder nicht?" Wer eine negative Erinnerung hat, ist vorsichtig. Ständig sortieren Hochsensible innerlich ihre Wahrnehmungen: „Nutzt mir das oder nicht? Ist das bedrohlich oder okay? Kann ich mich darauf einlassen? Will ich das?" Sie brauchen eine längere Bedenkzeit, um die Situation zu durchdenken und zu guten Schlüssen zu kommen. Darum verabscheuen sie Zeitdruck. Ihr Hemmsystem hilft ihnen, ihrem Wunsch nach Sicherheit nachzukommen, es ist bei den introvertierten HSK stärker ausgeprägt als das Aktivierungssystem.

Es wäre falsch, introvertierte hochsensitive Kinder als „schüchtern" zu bezeichnen. Schüchternheit ist ein erworbener Charakterzug, der uns von anderen zugesprochen und dann verinnerlicht wird. Wenn man glaubt, schüchtern zu sein, kann das Lebensmut rauben und neue Beziehungen und Erfahrungen behindern. Elaine Aron sagt: „Als Schüchternheit äußert sich die Angst, nicht gemocht zu werden." Viele Erwachsene verstecken sich hinter einer vermeintlichen Schüchternheit. Wenn hochsensitive Kinder eine neue Situation prüfend beobachten und ihr Denkapparat die möglichen Folgen durchspielt, ist das nicht Schüchternheit, sondern ein intensiver Vorgang. Statt ihr Kind zu bedrängen: „Na, nun mach schon. Geh endlich zu den anderen Kindern. Sei doch nicht so schüchtern!", sollten Sie lieber sagen: „Aha, du brauchst noch Zeit zum Beobachten. Ich weiß, wenn du fertig bist, dann wirst du zu den anderen Kindern gehen." So verhindern Sie, dass Ihr introvertiertes Kind sich unterlegen fühlt und glaubt schüchtern zu sein. Die meisten unserer folgenden Tipps gelten für *introvertierte* HSK, weil diese es generell etwas schwerer haben, in unserer Gesellschaft zurechtzukommen.

Bei extrovertierten Kindern ist das Aktivierungssystem sehr viel stärker ausgeprägt. Oft springt es an, bevor sie nachgedacht haben. Dieses System steuert den Wunsch nach neuen Erfahrungen. Es sagt: „Hol es dir, es ist interessant und bereichernd für dich! Das Risiko lohnt sich! Trau dich!" Sind extrovertierte Kinder hochsensitiv und beziehungsorientiert, gehen sie gerne auf Menschen zu und haben meist viele Freunde. Sie lieben Neues, sie lieben das Risiko. Im Gegensatz zu den Introvertierten verkraften sie viele neue Anreize und suchen sie auch. Aber als Hochsensitive haben sie auch ein gut funktionierendes Verhaltenshemmsystem, in dem tiefe Überlegungen angestellt werden. Diese extrovertierten HSK werden von ihren Eltern oft als widersprüchlich erlebt: Spontan lassen sie sich auf etwas Neues oder auf viele Termine ein. Sie gehen mit Elan ran, sind aber, wenn etwas länger dauert, plötzlich erschöpft, und dann geht gar nichts mehr. Oder sie werden von Zweifeln geplagt, ob ihre Entscheidung so richtig war. Diese Kinder sind einerseits laut und herausfordernd und dann wieder still und vorsichtig und brauchen eine Auszeit. Es sind „Stop-and-go"-Kinder. Sind beide Systeme etwa gleich stark ausgeprägt, geraten diese Kinder öfter mal in inneren Stress. Welchem Impuls geben sie nach – dem Bedürfnis, vorsichtig zu sein und sich zurückzuziehen, und oder dem Bedürfnis nach neuen Erfahrungen und Abenteuern?

Hochsensitivität oder AD(H)S?

Das beschriebene Verhalten lässt viele Lehrer, Erzieher, Erziehungsberater und Ärzte vermuten, dass es sich bei diesen Kindern um ADS-Kinder handele. Es ist in der Tat so, dass häufig hochsensitive Kinder irrtümlich das Etikett ADS erhalten, weil man keine andere Erklärung für ihr Verhalten hat. Aber damit wird man ihnen nicht gerecht. Von etlichen Erziehern und Lehrern wissen wir, dass sie hochsensible Kinder recht gut von AD(H)S-Kindern unterscheiden können, weil sie die typischen Merkmale der Hochsensibilität kennen.

Die Beschreibung von Anja, die sich als Mutter intensiv mit dem Thema auseinandergesetzt hat, macht den Unterschied anschaulich:

„Ich habe drei Töchter. Bei der ersten wurde ADHS diagnostiziert, als das Thema in Deutschland gerade erst anfing bekannt zu werden. Allerdings meinten die Ärzte meinen anderen Töchtern gleich dieselbe Diagnose verpassen zu müssen. Da wurde ich misstrauisch und habe für mich die feinen Unterschiede zwischen ADS, Hochbegabung und Hochsensibilität herausgearbeitet. Einige Symptome sind zum Verwechseln ähnlich. An diesem Beispiel mache ich gerne den Unterschied zwischen ADS und Hochsensibilität deutlich:

Meine ADS-Tochter überquert den belebten Bremer Bahnhofsvorplatz. Sie sieht grölende Fußballfans im Werdertrikot und weicht ihnen aus. Eine junge Mutter mit ihrem schreienden Kleinkind nimmt sie nur am Rande wahr, denn sie wird magisch angezogen von einigen jungen Straßenkünstlern. Deren Musik gefällt ihr so sehr, dass sie fröhlich im Takt mitwippt und dabei fasziniert den Jongleuren nebenan zuschaut. Das möchte sie auch gerne können! Darüber vergisst sie völlig, dass sie eigentlich zur Straßenbahn wollte, die sie nun leider verpasst. Wieder einmal kommt sie zu spät zu ihrem Termin.

Bei meiner empathisch-hochsensiblen Tochter würde dies etwa so ablaufen: Sie sieht die grölenden Fußballfans und fühlt sich belastet durch das, was sie von ihren Herzen und in ihren Gesichtern wahrnimmt. Gedanklich damit beschäftigt, begegnet sie der jungen Mutter. Sie spürt deren Überforderung und sieht ihre Erschöpfung. Am liebsten würde sie ihr helfen. Doch dann erfreut sie sich an den Straßenmusikern und ein intensives Glücksgefühl über Musik durchströmt sie. Wie gut das ist nach den bedrückenden Eindrücken der vorherigen Begegnungen! Am liebsten würde sie länger verweilen und sich davon mitreißen lassen, aber sie muss sich ja beeilen, um die Straßenbahn zu erreichen. Pünktlich erreicht sie ihr Fahrziel, aber innerlich fühlt sie sich müde und erschöpft."

In diesem Beispiel werden einige Unterschiede deutlich, die auch in anderen Situationen so ähnlich zu beobachten sind. Hier noch einmal die Unterschiede in Kürze:

AD(H)S bedeutet: schwache Reizfilter, darum eine hohe Ablenkbarkeit, verbunden mit einer schwach ausgeprägten Selbststeuerung. Große motorische Unruhe und innere Anspannung führen zu niedriger Konzentrationsfähigkeit, wenn die Betroffenen viele starke Reize wahrnehmen. Das ist ein Dauerzustand, der auch bei Reizminderung anhält. Es fällt den Betroffenen schwer, Lernprozesse zu automatisieren. Bei einer Ablenkung haben sie Probleme, wieder bei ihrer ursprünglichen Aufgabe anzuknüpfen, weil sie diese aus dem Auge verloren haben. Durch entsprechende Medikation kann die Konzentrationsfähigkeit erhöht werden.

Hochsensitivität bedeutet: schwache Reizfilter, aber die Reizüberflutung kann von den Betroffenen kanalisiert und eingegrenzt werden. Sie können sich recht gut selbst steuern, in einem ruhigen Umfeld können sie sich sehr gut lange konzentriert beschäftigen, sie haben die Fähigkeit, Lernprozesse zu automatisieren und Möglichkeiten zu finden, körperlich zur Ruhe zu kommen. Bei Ablenkung können sie bei ihrer ursprünglichen Aufgabe wieder anknüpfen, weil sie sie nicht vergessen haben. Aber durch das intensive innere Verarbeiten ermüden sie möglicherweise schneller und sind dann plötzlich völlig erschöpft, was für Außenstehende schwer nachvollziehbar ist. Medikamente, die bei AD(H)S helfen, bleiben wirkungslos.

AD(H)S kann wissenschaftlich belegt und durch Testverfahren von Fachleuten (Ärzten u. a.) nachgewiesen werden. Das gibt es für Hochsensibilität noch nicht. Erzieherinnen, die sich mit dem Thema auskennen, bestätigen aber, dass sie zwischen HS-Kindern und AD(H)S-Kindern unterscheiden können.

Dass viele Therapeuten in Praxen und Kinderpsychiatrien die Merkmale einer Hochsensitivität (noch) nicht kennen oder nicht von denen der Aufmerksamkeitsdefizit-Störung unterscheiden können, bestätigte uns die Leiterin einer Erziehungsberatungsstelle, die als Familien-, Kinder- und Jugendlichen- und Traumatherapeutin tätig ist.

Es gab in den vergangenen Jahren einige hochsensible Kinder, die uns von ihren Eltern mit der offensichtlichen Fehldiagnose AD(H)S vorgestellt wurden. Zwei von ihnen hatten sogar ein langwieriges diagnostisches Verfahren in einer Kinderpsychiatrie durchlaufen.

Da war z. B. der 11-jährige Dennis, der bei großer Lautstärke und vielen Interaktionen in der Klasse unaufmerksam, unruhig und mitunter aggressiv wurde. Typische Symptome einer Aufmerksamkeitsdefizit-Störung also. Dagegen sprach jedoch, dass ganz wesentliche Diagnosekriterien nicht erfüllt waren bzw. im häuslichen Umfeld nicht auftraten. Dennis konnte sich mit der nötigen Ruhe lange konzentrieren, konnte strukturiert denken und arbeiten, sehr gut und mit System sein Zimmer aufräumen (wenn er die Lust und die Kraft dazu hatte). AD(H)S-Kinder verzetteln sich eher: Sie beginnen an einer Ecke aufzuräumen, lassen sich von einem Gegenstand ablenken, fangen damit an zu spielen usw. Sie sind bei alltäglichen Aktivitäten vergesslich und lassen sich durch externe Stimuli leicht ablenken. Bei Aufgaben und beim Spielen können sie ihre Aufmerksamkeit nur schwer aufrechterhalten. Darum vermeiden sie gerne Arbeiten, die geistiges Durchhaltevermögen erfordern.

Auf Nachfrage bestätigten die Eltern eine besondere Empfindlichkeit gegenüber Hautreizungen: Dennis habe noch nie enge oder feste Kleidung gemocht und bereits als Kleinkind geschrien, wenn etwa ein Pulli kratzte. Besonders am Hals müsse alles weit sitzen. Er habe sich im Grundschulalter öfter in ein anderes Zimmer oder in eine Ecke verzogen, wenn mehrere Personen im Raum waren. Dabei habe er oft überfordert oder ängstlich gewirkt. Die Mutter schätzte an Dennis besonders sein Einfühlungsvermögen. „Er spürt einfach, wenn es mir schlecht geht, und versucht mich irgendwie wieder aufzumuntern."

Man könnte meinen, eine Diagnose sei lediglich ein Begriff, der, selbst wenn er nicht zutreffend ist, keinen Schaden anrichten kann. Aber dem ist nicht so. Hochsensitive Kinder benötigen eine völlig andere Unterstützung als AD(H)S-Kinder. Für den Umgang mit ihnen ist ein spezifisches Wissen hilfreich, ebenso wie liebevolles Verständnis für ihre jeweiligen Besonderheiten und die Unterstützung, dass sie sich mit ihren spezifischen Eigenarten und Befähigungen annehmen.

Die folgende Gegenüberstellung zeigt beobachtbare Unterschiede zwischen AD(H)S-Kindern und hochsensitiven Kindern. Wir haben uns dabei an Elaine Aron und den Beobachtungen von Erzieherinnen orientiert.

Hochsensibel	AD(H)S
Oft in Gedanken versunken und darum nicht bei der Sache	Leicht ablenkbar, sprunghaft im Verhalten
Kann in ruhigem Umfeld lange und konzentriert arbeiten	Braucht viel Abwechslung, sucht sie notfalls
Kann Prioritäten setzen und Ablenkungen aushalten/widerstehen	Hat Probleme, Prioritäten zu setzen und einzuhalten
Kommt bei Ablenkung schnell wieder auf die ursprüngliche Tätigkeit zurück	Hat Probleme, von allein zur ursprünglichen Tätigkeit zurückzukehren („vergisst")
Kann die langfristigen Konsequenzen seines Handelns einschätzen und sich darauf einstellen	Hat Probleme, die langfristigen Konsequenzen seines Handelns zu überblicken und sich dauerhaft darauf einzustellen
Entscheidungsfindung meist zögerlich, nach langem Abwägen der Vor- und Nachteile	Probleme bei Entscheidungsfindung, gibt oft dem stärksten Impuls nach

Bitte bedenken Sie: Konzentrationsprobleme bei Kindern können auch andere Ursachen haben.

Leider gibt es bisher noch keine wissenschaftlich belegten Ergebnisse zur Abgrenzung und Unterscheidung zwischen AD(H)S und Hochsensibilität. In unterschiedlichen Fachbüchern zum Thema Hochsensibilität finden wir zum Teil widersprüchliche Aussagen.[10] Darum müssen wir uns vorerst auf typische beobachtbare Anzeichen und das Urteilsvermögen der Eltern und Erzieher beschränken, die sich mit AD(H)S und Hochsensibilität auskennen. Nach unseren Informationen arbeitet Elaine Aron zur Zeit an den wissenschaftlichen Grundlagen der Hochsensitivität.

Checkliste

Folgende Beobachtungen können Ihnen Anhaltspunkte geben, ob Ihr Kind hochsensitiv ist:

- Das Kind ist intelligent.
- Es geht den Dingen gern auf den Grund. Darum fragt und forscht es viel.
- Es ist in neuen Situationen eher scheu und vorsichtig, bevor es sich auf sie einlässt (besonders introvertierte Kinder).
- Es beschäftigt sich gerne mit Schönem und ist kreativ.
- Wenn ihm ein Lehrer über die Schulter schaut, kann es seine Leistung nicht mehr bringen.
- Wird es in einer Gruppe plötzlich etwas gefragt, kann sein Denken blockieren.
- Es ist manchmal schreckhaft.
- Leben und Arbeiten in Gruppen strengt es an.
- Es lernt und beherrscht den Stoff, kann ihn aber nicht wiedergeben, wenn die Atmosphäre nicht stimmt.
- Es braucht Zeit, um über alles tief und gründlich nachzudenken.
- Leistungsdruck blockiert es.
- Es macht sich viele Gedanken über das Leben.
- Seine Kraftreserven können plötzlich erschöpft sein. Dann braucht das Kind dringend eine Auszeit und Ruhe.
- Lärm, starke Gerüche, grelles Licht strengen es an.
- Es neigt zur Tagträumerei.
- Das Kind kann sich gut allein beschäftigen.
- Manche Medikamente verträgt das Kind nicht, manche Medikamente zeigen bei ihm die gegenteilige Wirkung.
- Es steht nicht gerne im Rampenlicht oder vor Gruppen.
- Es ist sehr empathisch und spürt, wie es anderen Menschen geht.

- Das Kind gleicht oft Spannungen aus und möchte immer für Harmonie sorgen.
- Wenn Erwachsene mit einem anderen Kind schimpfen, wühlt dies das HSK innerlich auf.
- Es nimmt Feinheiten und kleine Veränderungen in seiner Umgebung wahr.
- Als Baby hat es mit Schreien und Einschlafproblemen seine Eltern genervt.
- Sportliche Wettkämpfe mag das (introvertierte) HSK in der Regel nicht.
- Es kann gut Ordnung halten und liebt klare Strukturen im Leben.
- Es kann passieren, dass das Kind ohne ersichtlichen Grund gerührt ist oder weint.
- Es ist kein AD(H)S-Kind.

Wenn Sie deutlich mehr als die Hälfte der Aussagen bestätigen können, ist Ihr Kind wahrscheinlich hochsensitiv. Ihre Beobachtung sollte jedoch einen längeren Zeitraum abdecken und nicht nur eine Momentaufnahme sein.

Wie in der Vorbemerkung angekündigt, beschreibt in den folgenden drei Kapiteln Mareike Dahlmann-Krötz, an welchen Kennzeichen sich die Hochsensitivität bei Kindern bis zur Pubertät häufig bemerkbar macht.

Kapitel 2

Hochsensitive Kinder im Babyalter

Um ein außergewöhnliches Kind großzuziehen, muss man auch bereit sein, sich auf ein außergewöhnliches Kind einzulassen. – Elaine Aron

Die Hochsensitivität in den verschiedenen Altersstufen zu erkennen ist nicht nur für Eltern wichtig, sondern auch für Fachkräfte wie Ärzte, Pädagogen, Erzieher sowie für alle, die mit Kindern arbeiten oder Eltern beraten. Einige der folgenden Gedanken entstammen dem Buch „Empfindsam erziehen" von Julie Leuze und dem Buch „Das hochsensible Kind" von Elaine N. Aron. Ich habe deren Anregungen mit meinen eigenen Erfahrungen als Mutter und Erzieherin im Kindergarten ergänzt. Möglicherweise geraten Sie, besonders als hochsensitive Eltern, bei den nächsten Kapiteln unter Druck oder bekommen das Gefühl, bei Ihrem Kind alles falsch zu machen und es nicht zu schaffen. Aber verzagen Sie nicht, wenn Sie nicht alles erfüllen können. Eine *gelassene* Mutter ist für ein hochsensitives Kind wichtiger als eine *perfekte* Mutter. Das Wichtigste für Ihr Kind ist, dass es sich bei Ihnen so angenommen und geliebt fühlt, wie es ist.

Kennzeichen eines hochsensitiven Babys

Wenn wir nicht sicher sind, ob ein Kind hochsensitiv ist, kann es hilfreich sein, sich einmal die Baby- und Kleinkindzeit anzuschauen.

Diese frühen Beobachtungen können sehr helfen, das Kind besser einzuschätzen, denn die Eltern haben in dieser Zeit Erfahrungen mit ihrem Baby gemacht, die die Hochsensibilität des Kindes bestätigen oder nicht.

Studien weisen darauf hin, dass Hochsensibilität vererbbar ist. Mütter von HS-Babys beobachten oft schon während der Schwangerschaft eine große Unruhe des Ungeborenen. Oder sie haben den Eindruck, dass das Baby im Mutterleib besonders stark auf Geräusche oder andere äußere Reize reagiert. Mütter, die zum wiederholten Mal schwanger sind, können das natürlich oft besser einschätzen als bei einer ersten Schwangerschaft, weil sie einen Vergleich haben.

> Karin: Schon während der Schwangerschaft war Lucas ein sehr lebhaftes Baby, der sich viel bewegt und getreten hat. Wenn mein Umfeld sehr laut war, z. B. in der Schulklasse, in der ich unterrichtete, große Unruhe herrschte, habe ich seine Unruhe gespürt.

„Bereits im Babyalter ist das Gehirn der hochsensitiven Kinder viel wachsamer und rascher alarmiert und oft auf feine Reiznuancen ausgerichtet."[1] Das bedeutet, dass hochsensitive Babys eine größere Informationsmenge registrieren und verarbeiten müssen. Strömen zu viele Reize auf das Kind ein, reagiert es recht schnell empfindlich. Woran merken wir das? Es schreit sehr viel, lässt sich schlecht ablegen, schläft schlecht ein und wacht nachts öfter auf. Bei HS-Kindern kann man auch häufiger als bei anderen Kindern einen „Nachtschreck" beobachten: Sie schrecken hoch und schlafen selbstständig wieder ein oder sie schreien plötzlich kurz auf. HS-Babys lassen sich vielleicht auch nur von einer ganz bestimmten Person beruhigen und sind nicht gern bei anderen, auf dem Arm fremder Menschen fühlen sie sich nicht wohl. Auch das Füttern kann schwierig sein. Manche haben Schluckprobleme oder empfinden bei unterschiedlichen Nahrungsmitteln Ekel. Andere entwickeln ausgesprochene Vorlieben für ein bestimmtes Essen. Generell sind sie sehr geschmacksempfindlich oder reagieren stark auf Temperaturunterschiede beim Essen.

Karin: Mit 6 Monaten hat auch bei uns die Brei-Zeit begonnen. Lucas' Brei durfte nur lauwarm sein, wenn er etwas wärmer war, hat er ihn verweigert und geweint. Bis heute spuckt er zu warmes Essen schimpfend und schreiend wieder aus. Lucas hat generell ein stärkeres Schmerzempfinden. Anfangs dachte ich, er würde nur Theater machen, bis mir mehr und mehr bewusst wurde, dass diese Schmerzen für ihn real sind und ich sie ernst nehmen muss, weil er tatsächlich so empfindet.

Was können Eltern in dieser Zeit tun?

Das Kind braucht Ihre intensive Nähe – am Tag und in der Nacht! Offensichtlich können sich hochsensible Babys nicht ohne die Hilfe der Eltern von äußeren Reizen abgrenzen. Nur die intensive Nähe eines vertrauten Menschen beruhigt sie und hilft ihnen zur Ruhe zu kommen. Mein Rat von Mutter zu Mutter ist: Tragen Sie Ihr Kind so oft wie möglich mit sich herum. Damit habe ich bei meinem hochsensiblen Sohn gute Erfahrungen gemacht. Da er nicht gerne allein im Kinderwagen gelegen hat, habe ich ihn in einem Tragetuch, anfangs auf meinem Bauch und später auf dem Rücken, viel mit mir herumgetragen. Das war oft die einzige Möglichkeit, ihn zu beruhigen und vor den vielen äußeren Reizen abzuschirmen. Lärm und Hektik werden besser vertragen, wenn das Baby Nähe fühlt und vor allem die Mama spürt und engen Kontakt zu ihr hat. Elaine Aron schreibt dazu: „Nähe gibt dem hochsensiblen Kind Sicherheit und vermindert Überregung durch Angst."[2]

Nähe geben

Vor allem wenn Sie Ihr Baby einer neuen oder aufregenden Situation aussetzen müssen, sollten Sie es dicht am Körper tragen. Wahrscheinlich fragen Sie sich: Verwöhne ich mein Kind damit nicht zu sehr? Ziehe ich mir vielleicht einen kleinen Tyrannen heran? Müssen alle Bedürfnisse meines Kindes sofort befriedigt werden? Der Familienberater Jan Uwe Rogge, der sich mit der Ausbildung des Urvertrauens und der Bindungsfähigkeit von Kindern beschäftigt, sagt dazu: „Für eine sichere Bindung ist es in der frühesten Kindheit wichtig, dass kindliche Bedürfnisse konsequent, verlässlich und auch spontan befriedigt werden."[3] Säuglinge und Kleinkinder sind nicht in der Lage zu warten, wenn sie ein Bedürfnis haben. Eine sichere Bindung, ein sicheres Urvertrauen zu geben, hat immer auch mit körperlicher Nähe zu tun und ist auf keinen Fall ein Verwöhnen, sondern das größte Geschenk, das man dem Baby und damit auch sich selbst machen kann.

Nächte können besonders herausfordernd sein. Hochsensible Kleinkinder brauchen über das erste Lebensjahr hinaus den engen körperlichen Kontakt zu den Eltern. Das kann besonders in der Nacht nervenaufreibend sein. Vor allem überreizte Kinder kommen nachts schlechter zur Ruhe. Es gibt zwar Bücher über gute Einschlafprogramme, aber viele Eltern von hochsensitiven Kindern haben damit keine guten Erfahrungen gemacht. Ich kenne diese Einschlafprogramme auch, aber bei meinem Sohn haben sie erst ab etwa dem zweiten Lebensjahr geholfen. Vorher habe ich mich an seinem Schlaf-Wach-Rhythmus orientiert und mich nach seinem momentanen Bedürfnis gerichtet. Das ist sinnvoller und hilfreicher, als Einschlafprogramme durchzuziehen, mit denen sich Eltern oft selbst unter Erfolgsdruck setzen. Ob das Kind mit im Elternbett schläft, muss jeder selbst entscheiden. Hilfreich sind kleine Schlafbuchten, die man an das Kopfende der Elternbetten stellt oder seitlich einklinkt. So hat man ein hohes Maß an Nähe trotz körperlicher Distanz zum Kind.

Einer Reizüberflutung vorbeugen
„Äußere Ruhe führt zu innerer Ruhe."[4] – sicherlich wissen Sie das. Besonders in der Babyzeit ist es gut, dies so weit wie möglich zu beachten, denn hochsensitive Babys verkraften weniger äußere Anregungen als andere Kinder. Selbst von alltäglichen Geschehnissen, von einer neuen Umgebung, einer ungewohnten Atmosphäre oder von zwischenmenschlichen Spannungen können diese sensiblen Kinder emotional überwältigt werden. Wenn sie dann keine Möglichkeit haben, innerlich wieder zur Ruhe zu kommen, ist die Folge eine Reizüberflutung mit den entsprechenden biochemischen Körperreaktionen. Das Kind ist überdreht und dann kaum zu beruhigen.

Was können Eltern vorbeugend tun? Akustische und visuelle Reize sollten weitgehend reduziert werden. Das beginnt beim Babyspielzeug, das oft grell und laut ist und damit nicht besonders geeignet für hochsensitive Kinder. Achten Sie darauf, dass nicht ständig das Radio oder der Fernseher im Hintergrund laufen oder das Kind permanent Lärmquellen ausgesetzt ist. Dies sind für ein hochsensitives Kind keine Hintergrundgeräusche, sondern sie werden als laut und eindringlich wahrgenommen und damit als belastend, oft sogar als schmerzhaft.

> Karin: Manche Hintergrundgeräusche waren für Lucas kaum erträglich. Gerne hätte ich tagsüber mal eine Vortrags-CD oder Ähnliches gehört. Doch die fremde Stimme machte ihn im ersten Lebensjahr so unruhig, dass ich meist nach kurzer Zeit wieder abschaltete. Andererseits fand er leise Lobpreismusik richtig gut.

Ein ruhiger, geordneter Tagesablauf ist wichtig. Ein Leben, das wir Erwachsenen als eintönig empfinden, wird für ein hochsensitives Baby genau richtig sein. Darum überlegen Sie gut, an welchen Aktivitäten Sie mit Ihrem Kind teilnehmen wollen. Welche Feier müssen Sie mit Kind besuchen, und welcher Besuch kann abgesagt werden? Wenn es Ihr Kind überfordert, werden Sie anschließend den Preis dafür bezahlen. Ist es unumgänglich, an einer bestimmten Feier teilzunehmen, dann bleiben Sie immer nahe am Kind. Verlassen Sie ab und zu den Raum, um dem Kind eine Pause zu gönnen und ihm Ihre ungeteilte Aufmerksamkeit zu schenken. Vor allem Stillzeiten bieten sich dazu an. Es tut den Kindern, vor allem wenn sie etwas älter sind, auch gut, an die frische Luft zu gehen und sich so eine Zeit lang räumlich von den vielen Menschen zu distanzieren. Schauen und fühlen Sie, was Ihr Kind in diesen Situationen eigentlich braucht, und scheuen Sie sich nicht, darauf auch einzugehen.

> Karin: Sein erstes Weihnachten verbrachten wir bei meinen Eltern. Lucas (2½ Monate alt) war mit den vielen neuen Eindrücken und Geräuschen absolut überfordert. Ich verbrachte etwa die Hälfte der Zeit in unserem Zimmer, damit er wieder zur Ruhe fand.

Schon als Baby schlief Lucas nicht gut woanders, was eigentlich untypisch ist. (Angeblich schlafen Babys ja überall.) Für viele Verwandte und Freunde unverständlich, nahmen wir ihn abends nie mit zu Veranstaltungen und auch seine Mittagsschläfchen durfte er zu Hause in seinem Bett machen. Für uns brachte das zwar die eine oder andere Einschränkung, doch insgesamt zahlte es sich aus, dass wir auf ihn Rücksicht genommen haben.

Mit dem Kind kommunizieren
Nicht nur für hochsensible Babys und Kleinkinder ist ständige Kommunikation wichtig. Das fördert die Bindung und die gesunde seelische Entwicklung des Kindes. Begleiten Sie alles, was Sie mit dem Kind tun, mit Worten, mit Erklärungen und einfachen Kommentaren. Dabei kommt es nicht darauf an, dass das Baby den Inhalt der Worte kognitiv versteht. Aber wenn Sie Ihr Baby so „in Worten baden" und dabei Blickkontakt halten, vermitteln Sie Nähe, Interesse und damit Wert. Die Botschaft ist: „Du bist wichtig und darum sage ich dir, was ich gerade mit dir tue. Ich schenke dir jetzt meine ganze Aufmerksamkeit." Sprechen Sie generell in einem ruhigen Tonfall und eher leise als laut. Bereiten Sie Ihr Baby auch auf Neues vor. Erzählen Sie ihm, was geschehen wird. Väter machen mit etwas älteren Kindern gerne plötzliche Späße oder gewagte Turnübungen. Das ist für manche Kinder ein großer Spaß, aber hochsensible Kinder haben einen größeren Schreck-Reflex und können dadurch Ängste entwickeln. Wir sollten mit unseren hochsensitiven Kindern ruhig und berechenbar umgehen und manche Späße vielleicht besser für später aufheben.

Alltagsstruktur und Rituale
Ein strukturierter Alltag und schöne Rituale vermitteln Kindern Sicherheit. Besonders kleine Kinder und hochsensible Kinder schätzen das. Ihr Kind braucht einen klar gegliederten Tagesablauf mit geregelten Zeiten zum Schlafen und für Unternehmungen. Es muss manchmal gut überlegt werden, was wie viel Zeit in Anspruch nehmen wird. Bedenken Sie dabei, was dem Kind guttut und was die Eltern

brauchen. Das bedeutet nicht, dass man einen strikten Fütter-Rhythmus hat, bei dem man sein Baby planmäßig alle drei oder vier Stunden stillt. Es geht darum zu spüren, was dem jeweiligen Kind in seinem momentanen Bedürfnis und seiner Entwicklung guttut. Machen Sie sich innerlich frei von Vergleichen, wie andere Kinder reagieren und wie andere Mütter handeln. Schauen Sie einfach auf die Erfordernisse Ihrer Lebenssituation und Ihres Kindes und gehen Sie darauf ein. Zuweilen erfordert es Mut, sich als Mutter von anderen abzugrenzen und Dinge anders zu handhaben, doch Sie wissen ja, dass Ihr Kind anders ist und es ihm so viel besser geht.

Für Mutter oder Vater ist es wichtig, ganz pragmatisch für sich selbst Ruhezeiten im Alltag zu planen und einzuhalten. Kann ich mich irgendwann tagsüber hinlegen oder abends früher ins Bett gehen? Da muss man jeweils die Vor- und Nachteile abwägen. Generell kommt ein ausgewogener, ruhiger Lebensstil mit Ruhepausen den Bedürfnissen des Kindes entgegen und damit entspannt sich auch das Leben der Eltern. Seien Sie zuversichtlich, diese sehr intensiv kindorientierte Zeit ist begrenzt, sie wird vorübergehen.

Gelassenheit bewahren

Wenn jedoch Mütter glauben, dass ihr Kind und ihre Lebenssituation eine besondere Ausnahme wären und sich sehr von anderen Familien unterscheiden würden, besteht die Gefahr, in ein anderes Extrem zu fallen. Manche entwickeln dann eine extrem kindzentrierte Haltung, sie opfern sich völlig auf und lassen sich nicht mehr hinterfragen. Bitte bleiben Sie immer offen für neue Ideen, Impulse und Entwicklungen. Auch wenn Sie ein hochsensibles Kind haben, können Sie doch viel von anderen Eltern lernen. Wenn Sie dann trotz der guten Ratschläge von Freunden und trotz toller Ideen aus Büchern an Ihre Grenzen kommen und das Gefühl haben, in einer Sackgasse zu stecken, dann sollten Sie sich mutig eingestehen: „Ich brauche fachliche Hilfe, sonst komme ich nicht weiter." Das kann ein wichtiger Schritt sein, um wieder Entspannung und Frieden in Ihr Familienleben zu bringen. Generell gilt: „Kinder sind wie ein Spiegel." Gestresste Eltern haben meist gestresste Kinder, die viel quengeln und schreien. Darum müssen wir Eltern auch gut für uns selbst sorgen und schauen, dass wir selbst genügend auftanken und unsere Bedürfnisse nicht zu kurz kommen. Denken Sie daran: Babys und kleine Kinder reagieren sehr stark auf den Gesichtsausdruck, auf Gesten und Tonfall ihrer Eltern. Sie haben ganz feine Antennen für unterschiedliche Stimmungen. Die Studie eines Säuglingsforschers hat mich beeindruckt. „Es wurde festgestellt, dass Säuglinge bereits nach acht Wochen um eine gefühlsmäßige Abstimmung mit der Mutter bemüht sind."[5] Das gilt nicht nur für hochsensible Babys, sondern alle Kleinkinder spüren, wie es ihrer Mama geht, und spiegeln ihr das.

> Karin: Ich habe schnell bemerkt, dass ich Lucas durch meine innere Ruhe oder Unruhe stark beeinflussen konnte, und machte mir dies dann regelmäßig zunutze. Abends, wenn er schlafen sollte, versuchte ich selbst abzuschalten und innerlich absolut ruhig zu werden. Meistens war Lucas dann nach wenigen Minuten friedlich in meinem Arm eingeschlafen.

Manche Frauen haben inneren Stress, weil sie unbedingt eine gute Mutter sein wollen. Das bedeutet für sie, allen Bedürfnissen des Kindes und ihren eigenen Erwartungen an sich selbst zu jeder Zeit gerecht werden zu müssen. Dadurch bauen sie jedoch für sich selbst einen hohen Leistungsdruck auf und geraten unweigerlich in Stress. Das geschieht besonders dann, wenn sie sich beobachtet fühlen. Kennen Sie das unangenehme Gefühl: „Und jetzt schauen alle auf mich und beobachten, was ich mit meinem schreienden Kind mache und ob ich richtig reagiere"? Das können für gewissenhafte Mütter ganz schwierige Situationen sein. Sie sollten eher die Haltung einnehmen: Ich muss meinen eigenen Weg für mich und mein Kind finden.

Seien Sie mutig, verlassen Sie sich auch auf Ihr Bauchgefühl. Aus Erfahrung weiß ich, je mehr Fachliteratur junge Mütter lesen, desto verunsicherter sind viele. Ich mache Ihnen Mut: Lesen Sie nicht zu viele Bücher, sondern lernen Sie lieber, Ihr Kind zu „lesen" und zu schauen, welche kleine Persönlichkeit Sie vor sich haben und was Sie ihr Gutes tun können. Wenn Sie kräftemäßig an Ihre Grenzen kommen, überlegen Sie, ob es angebracht ist, sich praktische Hilfe zu holen, um die gesamte Familie zu entlasten. Das kann eine Haushaltshilfe sein oder ab und zu ein verlässlicher Babysitter. Ich habe gute Erfahrungen damit gemacht, dass Babysitter über die Jahre mitwachsen. So müssen sich hochsensible Kinder nicht immer wieder an neue Personen gewöhnen. Das ist für die Kinder und die Eltern sehr entspannend.

> Karin: Während der Babyzeit wusste ich noch nichts von Lucas' Hochsensibilität. Ich habe mich anfangs total auf mein Bauchgefühl verlassen und auch nicht von anderen beirren lassen.
>
> Im Nachhinein bin ich ermutigt und begeistert, wie gut wir diese Zeit gemeistert haben.

Wenn ein Kind jedoch immer wieder über längere Zeit schreit und sich nicht beruhigen lässt, dann sollten Eltern auch mal mutig eine Schreiambulanz oder Schreisprechstunde aufsuchen. Dort arbeitet man in der Regel mit Beobachtungsprotokollen. Es wird notiert, in welchen Situationen das Kind schreit. Was ist vorausgegangen, wie hat die Mutter reagiert? Man untersucht das Kind auch auf körperliche Symptome, die Funktion der Sinnesorgane wird überprüft und eventuelle Schmerzen werden abgeklärt. Die Adressen erhalten Sie bei den Kinderärzten.

Kapitel 3

Hochsensitive Kinder im Kindergarten

Den Ablösungsprozess erleichtern

Wenn Kinder in die Krabbelgruppe oder den Kindergarten kommen, durchleben sie zum ersten Mal einen Ablösungsprozess. Hochsensitive Kinder reagieren nicht unbedingt schwieriger als andere Kinder. Aber es ist das erste Loslassen nach einer langen, engen Beziehung zu Hause. Dieser Schritt sollte bei jedem Kind sorgfältig vorbereitet sein. Dazu ist es hilfreich, einige gute Handlungsstrategien zu kennen, falls ein Kind sehr klammert oder stark überreizt reagiert.

Beginnen Sie mit der Suche nach der richtigen Einrichtung für Ihr Kind. Auch wenn es praktisch wäre, muss das nicht der nächstgelegene Kindergarten sein. Schauen Sie sich die möglichen Kindergärten gut an. Folgende Aspekte können Sie bei der Auswahl berücksichtigen:

- Herrscht eine ruhige oder eine eher aufgeregte Atmosphäre?
- Wie sieht es mit der Gruppengröße aus? Wie viele Gruppen gibt es insgesamt? Zu viele und zu große Gruppen überfordern ein HSK.
- Gibt es einen Garten und Außenspielmöglichkeiten? Gerade hochsensible Kinder regenerieren gut, wenn sie draußen in der Natur spielen können.
- Gehen die Kinder täglich raus oder nur bei gutem Wetter?

- Gibt es im Haus Rückzugsmöglichkeiten? Vielleicht einen Ruheraum, der auch als solcher genutzt wird?
- Gibt es Pausen oder stillere Spielzeiten?
- Wie lernen die Kinder die Welt kennen? Ganzheitlich oder wird eher nur Wissen vermittelt?
- Wie ist der Umgang mit den Eltern? Werden sie als Erziehungspartner ernst genommen?

Fall Sie verschiedene Wahlmöglichkeiten haben, mache ich Ihnen Mut, sich auf Ihr Bauchgefühl zu verlassen, aber nicht nur auf das eigene, sondern auch auf das des Kindes. Denn an dem Ort, wo Ihr Kind sich von Anfang an wohlfühlt, lässt es sich später auch besser integrieren. Es ist auch so, dass sich hochsensible Kinder in Einrichtungen mit alternativen Konzepten nicht automatisch wohler fühlen als in konventionellen Einrichtungen. Ob Ihr Kind einen inneren Zugang findet, kann von den Menschen dort abhängen, von den Räumen, dem Spielzeug, der Atmosphäre ...

Auch als Fachpersonal einer Einrichtung kann man bestimmte Fragen stellen, um hochsensible Kinder möglichst von Anfang an zu erkennen. Diese Punkte können Sie bedenken:

- Sprechen wir in unseren Aufnahmegesprächen das Thema Hochsensibilität an?
- Welche Fragestellungen können wir in einen Elternfragebogen aufnehmen, um schneller auf hochsensible Kinder aufmerksam zu werden?
- Zeigen wir von Anfang an ein großes Maß an Transparenz und Ansprechbarkeit?
- Schaffen wir in unserer Einrichtung eine Atmosphäre, in der sich auch die Eltern ernst genommen fühlen? Haben wir eine Erziehungspartnerschaft auf Augenhöhe? Trauen sich die Eltern zu sagen, wenn sie zu Hause Probleme mit dem Kind haben oder wenn sie das Gefühl haben, dass ihr Kind anders ist als andere Kinder?

Alle Kinder, die neu in eine Einrichtung kommen, müssen erst einmal mit der ungewohnten Umgebung und den neuen Bezugspersonen vertraut werden. Dabei werden sie verschiedene Verhaltensmuster an den Tag legen, die unterschiedliche Ursachen haben können. Wir sollten ein Kind zunächst genau beobachten und nicht vorschnell den Schluss ziehen, dass es hochsensibel ist. Als Erzieherin habe ich mir angewöhnt, meine Beobachtungen wie Puzzleteile zusammenzusetzen, bevor ich mir ein abschließendes Urteil bilde. Am ersten Tag fällt mir eine Sache auf, am zweiten Tag eine andere und einige Zeit später noch dies und das … Es braucht Zeit und Geduld, aber es macht auch Spaß, sich auf die Kinder einzulassen und die Welt durch ihre Brille anzuschauen. Dies sind meine Beobachtungen bei hochsensitiven Kindern:

HS-Kinder haben oft größere Ablösungsprobleme. Ihre Trennungsängste fühlen sich für sie wie echte Existenzängste an. Wenn diese Kinder neu zu uns in die Einrichtung kommen, klammern sie sehr stark an den Eltern oder verstecken sich hinter deren Beinen. Sie wollen nicht angesprochen werden und empfinden den Blickkontakt, den ich zu ihnen aufbaue, als unangenehm. Einige drehen den Kopf zur Seite, wenn ich mit ihnen spreche. Es dauert bei ihnen auch viel länger, bis sie direkten Körperkontakt zulassen, selbst flüchtige Berührungen scheuen sie. Hochsensible Kinder haben schnell das Gefühl, dass man eine persönliche Grenze überschreitet, wenn man sie anfasst, und reagieren dann mit Rückzug. Selbst bei der Wiedereingewöhnung von HS-Kindern nach einer Krankheitsphase oder einem längeren Urlaub hat man manchmal den Eindruck, wieder von vorne anfangen zu müssen. Verhaltensmuster, die sie schon abgelegt hatten, tauchen plötzlich wieder auf. Grundsätzlich gilt: Je jünger ein Kind, desto länger braucht es für seinen Ablösungsprozess.

> Karin: Körperkontakt in seiner neuen Kindergartengruppe zuzulassen war für Lucas kaum möglich. Im Stuhlkreis massierten sich die Kinder öfters gegenseitig mit Massagebällen. Das ging für ihn gar nicht. Nach etwa einem Jahr ist es besser geworden, da er auch Vertrauen in die Gruppe gefasst hat. Doch eine tröstende oder ermutigende Berührung seiner Erzieherin lässt er bis heute kaum zu, obwohl er sie sehr mag und gut mit ihr auskommt.

Körperkontakt von uns hat Lucas jedoch schon immer zugelassen, aber er konnte nicht kuscheln. Nie kam er von sich aus zu uns, um auf dem Schoß zu sitzen und sich anzukuscheln. Als uns das auffiel, haben wir es regelrecht mit ihm geübt. Ich habe ihn immer wieder zu mir geholt, vor allem in Zeiten, wo er überdreht war. Dann habe ich ihm gesagt, dass er zu uns kommen darf und sich bei uns ausruhen kann. Mittlerweile kommt er oft zu uns und sucht diese Nähe sogar. Doch darüber sind etwa anderthalb Jahre vergangen.

Introvertierte HSK

Besonders introvertierte Kinder brauchen meist lange, um sich von den Eltern zu lösen und im Kindergarten ganz anzukommen. Bei extrovertierten beobachten wir eher dieses Verhalten: Sie stürzen zunächst auf alles Neue los, sie lassen sich leicht motivieren, wollen alles mitmachen, finden alles interessant, aber nach einiger Zeit sind sie plötzlich völlig erschöpft, weil ihnen alles zu viel geworden ist. Extrovertierte HSK scheinen sich auf den ersten Blick hin leichter von den Eltern lösen zu können als andere Kinder. Sie sind durch die neuen Eindrücke und Reize im Kindergarten kurzzeitig vom eigentlichen Ablösungsprozess abgelenkt. Weil sie sich in dieser Phase schnell motivieren lassen, glauben die Eltern oft, dass das Kind mit der Trennung überhaupt keine Probleme hat. Doch erst wenn diese erste Phase der Ablenkung in eine Routine übergegangen ist, begreift das Kind langsam, was diese neue Situation bedeutet. Viele dieser Kinder fallen dann emotional in ein Loch. Dann beginnt erst die eigentliche Ablöse-Arbeit.

In diesen Situationen muss man als Erzieherin eingreifen, sie schützen und emotional zurückholen. Wenn Kinder durch ihre Sichtweise auf die Welt und ihre besondere Art der Wahrnehmung Situationen falsch einschätzen, wenn sie sich z. B. bedroht fühlen, hysterisch werden oder aber depressiv, muss man sie emotional zurückholen, ihnen „wieder Erdung geben", d. h., ein sachliches, realistisches Bild der für sie bedrohlichen Situation zeichnen, ihnen aufzeigen, welche Rolle sie in einer bestimmten Situation spielen, welche Folgen das für sie haben könnte, und auch gemeinsam mit ihnen überlegen, wie sie angemessen reagieren könnten. Das ist besonders in diesem verspäteten Ablöse-Prozess wichtig.

Alle hochsensiblen Kinder haben ihr eigenes Ablösungstempo. Sie brauchen generell länger, um sich auf neue Situationen einzulassen.

Für HS-Kinder ist es hilfreich, wenn ihre neuen Erfahrungen von den Erziehern gut begleitet und positiv kommentiert werden. Das hilft ihnen, das Neue zu verarbeiten und einzuordnen, denn hochsensitive Kinder setzen sich innerlich stark mit den als schwierig empfundenen Situationen auseinander. Uns sollte bewusst sein, dass eine traumatische Kindergarten-Eingewöhnungszeit und schwierige Kindergartenerfahrungen später sehr belastend für den Start in die Schule sein können. Das Kind möchte nicht die gleiche Erfahrung noch einmal machen. Alles, was nicht verarbeitet oder aufgearbeitet wurde, holt es spätestens dann wieder ein und man muss es erneut durch einen Ablösungsprozess begleiten. Elaine Aron schlägt Eltern von hochsensiblen Kindern vor: Sprechen Sie über die anstehende Trennung. Erklären Sie, was weiter geschehen wird, wenn das Kind bleibt und Sie gehen. Bleiben Sie dabei sachlich und entspannt. Sprechen Sie auch darüber, was Sie während der Trennungszeit tun. „Ich gehe einkaufen, während du hier spielst, und danach hole ich dich wieder ab." Halten Sie die ersten Trennzeiten ganz kurz, holen Sie das Kind so früh wie möglich wieder ab. Dann steigern Sie die Dauer Ihrer Abwesenheit.[1]

Dieses Prinzip der schrittweisen Zeitverlängerung wird heute in den meisten Einrichtungen praktiziert. Anhand des Tagesablaufes erklärt man, was passieren und wann das Kind wieder abgeholt wird: „Wenn der Zeiger auf der 12 ist, kommt die Mama wieder." „Nach der Mittagsruhe komme ich, dich abzuholen. Du schläfst hier noch ein wenig und dann bin ich wieder da." Wenn Sie so etwas versprechen, dann halten Sie sich genau an diese Abmachung, damit das Kind weiß, dass es sich auf Ihr Wort verlassen kann. Das gibt ihm Sicherheit in dieser neuen, verunsichernden Situation.

Das Abschiedsritual am Morgen sollte heiter und kurz ausfallen. Das kann herausfordernd sein, besonders auch für die Mütter, die selbst nicht loslassen können. Immer wieder erlebe ich es, dass Mütter sich schlechter lösen können als ihre Kinder. Da fließen bei beiden die Tränen. Es wäre gut, wenn Sie sich vornähmen: „Ich werde es akzeptieren, wenn Tränen kommen. Das gehört dazu, aber ich werde nicht vor meinem Kind weinen." Achten Sie darauf, nicht eine doppelte Botschaft zu senden: Ihre Worte bedeuten dem Kind, dass es im Kindergarten bleiben soll und dass das nicht schlimm sei. Aber indem Sie Ihren Abschiedsschmerz zeigen, das Kind immer wieder drücken und sich nochmals ein Küsschen abholen und dann noch einmal, signalisieren Sie, dass Sie selbst lieber bleiben würden oder es dem Kind eigentlich nicht zutrauen, alleine dort zu bleiben. Hochsensible Kinder spüren den Schmerz der Mutter und versuchen ihn zu deuten. Sie fragen sich: „Kann ich die ‚arme' Mama alleine lassen? Bin ich schuld, dass Mama so traurig ist?" Oder sie deuten die Tränen der Mutter als Angst vor einer möglichen Gefahr im Kindergarten. Dies sollten Sie vorab bedenken. Eine gut vorbereitete Trennung ist viel leichter, als wenn man einfach so hineinstolpert. Schauen Sie, was das Kind braucht, was ihm hilft, jetzt unabhängiger und selbstständiger zu werden. Wenn Sie selbst unsicher sind, bitten Sie die Erzieher, Sie in dem Ablösungsprozess zu begleiten. Denken Sie aber auch daran, dass die Heimkehr am Mittag für das Kind wieder ein Übergang ist, der emotional bewältigt werden muss. Auch das kann sich schwierig gestalten. Es gibt Kinder, die wollen morgens nicht loslassen und mittags nicht wieder nach Hause.

> Karin: Für Lucas (3 Jahre) war es sehr wichtig, sich schon einige Wochen vor dem Kindergartenstart mit diesem Schritt und der bevorstehenden Trennung zu befassen. Nach einem gemeinsamen Kennenlerntag erklärte ich ihm, wie sein Tagesablauf in etwa aussehen, was er dort machen wird und auch, wann ich ihn wieder abholen würde. Er wollte dann immer wieder einen Spaziergang dorthin machen oder wir fuhren kurz mit dem Auto vorbei. Meistens stellte er danach viele Fragen. Dies wiederholten wir über mehrere Wochen.

Für die Eingewöhnung nahmen wir uns dann eine Woche Zeit. Den ersten Tag verbrachten wir dort gemeinsam, danach erhöhte ich meine Abwesenheit jeden Tag um etwa eine halbe Stunde. Ich lobte ihn, wenn er die Zeit gut geschafft hatte, und es gab auch mal ein kleines Geschenk (ein paar Gummibärchen oder so etwas). Nach dieser Woche schickte er mich heim mit den Worten: „Mama, ich kann das nun alleine und brauche dich nicht mehr." Seitdem geht er gerne und problemlos in seinen Kindergarten.

Eltern von hochsensiblen Kindern sollten vor allem am Anfang häufiger den Kontakt zur Einrichtung suchen, um sich zu vergewissern, wie es ihrem Kind geht. Informieren Sie sich über den Prozess der Ablösung und wie das Kind sich generell in der Gruppe entwickelt, oder ob es in einem bestimmten Bereich Anleitung, Unterstützung oder besonderes Verständnis braucht. Aber auch die Mitarbeiter des Kindergartens können etwas unternehmen, um den Ablösungsprozess zu begleiten. Viele Einrichtungen machen gute Erfahrungen mit Bezugserziehern. Hochsensible Kinder haben es leichter, wenn sie jeden Morgen vom gleichen Erzieher abgeholt werden. Der Versuch lohnt sich auch bei personellen Engpässen. Ferner fällt den Kindern das Ankommen leichter, wenn es ein Ritual dafür gibt, d. h., wenn sie immer mit den gleichen Sätzen oder auf die gleiche Art begrüßt werden. Vielleicht schaut man zum Start immer wieder das gleiche Bilderbuch an, bis das Kind es nicht mehr möchte. In manchen Kindergärten bewahren die Kleinen in einem Regal ihr persönliches Bilderbuch mit Fotos von den Eltern, Geschwistern, dem Lieblingsspielzeug oder dem Haustier auf. Wenn sie das Heimweh überfällt, holen sie sich ihr Buch und schauen es an. Das bringt sie wieder emotional ins Gleichgewicht.

Sollte ein Kind doch über längere Zeit morgens immer weinen, kann es helfen, den Erzieher-Kind-Kontakt schon im Flur aufzubauen und nicht erst in der Gruppe. So gibt es keine neugierigen Zuschauer, die beobachten, ob er oder sie die Ankunft schafft, ohne zu weinen, oder wieder nicht. Gerade hochsensible Kinder (und Erwachsene) fühlen sich sehr unwohl und können emotional blockieren, sobald sie sich beobachtet fühlen. Weint das Kind länger, kann es hilfreich sein, einen leeren Raum aufzusuchen und erst dann in die Gruppe zu gehen, wenn das Kind sich wieder beruhigt hat. Es hilft dem Kind auch, wenn man ständig Nähe zu ihm hält. Das bedeutet, dass man als Bezugsperson nicht mal eben weggeht, ohne dem Kind Bescheid zu sagen. Hochsensitive Kinder können besonders in der Eingewöhnungsphase in Panik geraten, wenn ihre Bezugsperson plötzlich nicht mehr zu sehen ist.

Wenn möglich, beziehen Sie die Kinder im Kindergarten in den Tagesablauf mit ein, indem Sie ihnen kleine Aufgaben geben oder sie an regelmäßigen Tätigkeiten beteiligen. Dadurch betonen Sie ihre Wichtigkeit für die Gruppe, zudem lenken kleine Aufgaben auch gut von negativen Gedanken und Stimmungen ab. Dieses Wiederkehrende gibt Sicherheit und vermittelt ein hohes Maß an Vertrautheit, das ist für jedes Kind in jedem Alter wichtig. Durch wiederkehrende Situationen oder das gleiche verlässliche Verhalten von Bezugspersonen trainieren hochsensible Kinder ihr Selbstvertrauen. Sie wissen, was passieren wird, sie können sich darauf einstellen und es ist für sie jedes Mal ein kleiner Sieg, wenn ihnen das gelungen ist. Wir Erwachsene sind für sie glaubwürdige Partner, wenn sie sich unbedingt auf unser Wort verlassen können.

Der Angst vor Kontrollverlust begegnen

Generell haben hochsensible Kinder Angst, den Überblick zu verlieren, weil sie so vieles parallel wahrnehmen. Sie erleben das als Kontrollverlust, und das macht ihnen Angst. Um dem entgegenzuwirken, hilft ihnen zu Hause und im Kindergarten eine gute Alltagsstruktur, an der sie sich orientieren können. Neben geregelten Essens- und Schlafenszeiten können das bei älteren Kindern auch Tages- oder Wochenpläne sein. Wenn die Kinder überblicken, was als Nächstes passiert, hilft ihnen das sehr, innerlich entspannt zu bleiben. Ich habe in meinem Kindergarten hochsensible Kinder, die ich ständig informiere: „Und dann machen wir das, und dann kommt das und dann kommt das, und dann kommt natürlich deine Mama wieder und holt dich ab." Immer und immer wieder. Irgendwann entspannen sie sich, weil sie diese Abläufe verinnerlicht haben. Die Regelmäßigkeit hilft ihnen, sich abzulösen, und ich zeige ihnen damit: Es wird mir nicht zu viel, dir alles öfter zu erklären. Du bist mir nicht zu viel, deine vielen Fragen dürfen sein und ich halte das mit dir aus. Außerdem kann es einer Überplanung des Tages vorbeugen, weil man sich selbst bewusst wird, was man sagt. Da gibt es vielleicht bei Eltern ein heilsames Erschrecken: „Es sind ja heute fünf größere Sachen, das ist ja viel zu viel für mein Kind! Da streichen wir besser gleich mal wieder zwei, weil es sonst Stress gibt."

Spontane Aktionen im Kindergarten oder zu Hause können zu echten Blockaden führen. Wenn Kinder darin gefangen sind, verweigern sie jeglichen Zugang. Das kann herausfordernd werden und Nerven kosten, vor allem, wenn man Zeitdruck hat, lässt sich aber nicht immer vermeiden. Es hilft, das Kind auf besondere Aktivitäten frühzeitig vorzubereiten, und ganz gelassen zu reagieren, wenn es trotzdem Wut und Geschrei gibt. Je gelassener und ruhiger Eltern oder Erzieher reagieren können, desto weniger ist das Kind dem zusätzlichen Druck durch die Emotionen der Erwachsenen ausgesetzt und desto schneller kann es sich wieder fangen. Wie sehr hochsensitive Kinder auf Veränderungen reagieren, zeigt diese Erfahrung von Karin:

> Vor einiger Zeit hat Lucas' kleiner Bruder ein neues Bett bekommen und wir haben sein Gitterbett abgebaut. Nur diese kleine räumliche Veränderung war so aufwühlend für Lucas (3 Jahre), dass er völlig überdreht durch die Wohnung rannte und total aufgeregt war. Als wir einige Zeit später umgezogen sind und einige Haushaltsgeräte wie z. B. der Staubsauger einen neuen Platz bekamen, fragte Lucas (mittlerweile 4) ständig, warum nun der Staubsauger nicht mehr im Schlafzimmer steht, sondern im Putzschrank. Es war für ihn einfach irritierend.

Gute Rituale sind für Kindergartenkinder wichtig. Sie geben zu Hause, aber auch im Kindergarten einen besonderen Halt und lassen innere Stärke wachsen. Für ein hochsensitives Kind bedeutet es auch Lebensfreude, weil es weiß, was kommen wird, und sich darauf freuen kann. Seine Vorerfahrung und die Regelmäßigkeit sagen ihm: Das kenne ich schon, das wird schön, das habe ich schon mal geschafft und das schaffe ich wieder. Diese Erfahrungen stärken das Selbstbewusstsein der Kinder.

Wenn wir hochsensible Kinder in ihrem sozialen und emotionalen Verhalten beobachten, fällt oft auf, dass sie Schwierigkeiten haben, ins Spiel zu kommen oder sich im Spiel fallen zu lassen und alles um sich herum zu vergessen. Auch hierin zeigt sich ihre Angst vor Kontrollverlust. Spielen kann sich für sie so anfühlen, als wären sie nicht mehr sie selbst. Darum haben einige auch Probleme, sich auf Rollenspiele einzulassen, was eigentlich für ihr Alter und für ihre Entwicklung ganz wichtig ist. In Kindergartengruppen übernehmen sie dann lieber eine Beobachterrolle. Sie stehen recht lange am Rand, schauen zu und wirken passiv. Aber ich habe gemerkt, dass diese Kinder dabei intensiv Informationen sammeln und verarbeiten. Später, zu ihrem eigenen Zeitpunkt, entscheiden sie dann, aktiv zu werden. Diese Zeit des Beobachtens und Abwägens muss man ihnen lassen und darf nicht einfach darüber weggehen. Sie ständig zu drängen und zu schieben bringt nichts. Ganz schlimm wäre es, sie in diesen Momenten bloßzustellen und zu beschämen.

Besonders wenn die hochsensiblen Kinder noch im Ablösungsprozess stehen, brauchen sie Zeit zum Beobachten. Manchmal kann es helfen, Spielideen vorzuschlagen oder sie an einige wenige Spiele zu gewöhnen. Ich habe hochsensible Kinder erlebt, die über Wochen hinweg das gleiche Spiel gespielt haben. Das war ihr persönlicher Start in den Tag. Aus dieser Sicherheit heraus konnten sie Stück für Stück ihren „Spielhorizont" erweitern. Diese Eigenheit muss man ihnen zugestehen, ebenso wie die Zeit, die sie brauchen, sich auf eine Gruppe einzulassen. Als Teamplayer tun sie sich meist schwer.

Gerechtigkeitssinn und Überverantwortlichkeit
Hochsensitive Kinder brauchen Sicherheit. Sie wollen wissen und prüfen, wie die Regeln sind. Wenn sie die Gruppenregeln oder die Spielregeln verinnerlicht haben, halten sie sich genau daran und machen andere Kindern gern auf Fehler aufmerksam, wenn diese gegen

eine Regel verstoßen. Aufgrund ihres ausgeprägten Gerechtigkeitssinns können sie sich zu kleinen Gruppenpolizisten entwickeln und andere Kinder ständig darauf hinweisen, was sie verkehrt machen. Wenn sie dieses Verhalten weiter verinnerlichen, machen sie sich damit keine Freunde. Hier sollten ihnen Eltern und Erzieher liebevoll spiegeln, wie sie damit auf andere Kinder wirken, und gemeinsam mit ihnen nach Verhaltensalternativen suchen, wenn sie etwas als ungerecht empfinden.

Durch ihre ausgeprägte Empathie übernehmen hochsensitive Kinder in Gruppen gerne auch bemutternde Rollen oder zu viel Verantwortung. Mein Sohn hat immer wieder freiwillig für andere Kinder aufgeräumt, die mehrfach dazu aufgefordert worden waren. Er hat sich für andere entschuldigt oder sich auf dem Außengelände, wenn gerade kein Erzieher zugegen war, eben neben die Schaukel gestellt, auf der ein jüngeres Kind saß, und ist erst wieder weggegangen, wenn ein Erzieher kam, um aufzupassen. In diesen Fällen ist es wichtig, dem Kind klare Grenzen aufzuzeigen und zu erklären, was seine Rolle und was die Verantwortung der Erzieher ist: „Du bist hier als Kind und du darfst spielen, und die Erzieher sind die Erwachsenen. Sie passen auf, du brauchst das jetzt nicht." Ein überverantwortliches Kind braucht ganz konkrete Entlastung und ein deutliches Eingreifen, weil es sonst die Retter- oder Helferrolle zu sehr verinnerlicht und sich später immer unangemessen verantwortlich fühlen wird für andere Menschen.

> Karin: Lucas' Freund fuhr mit uns im Auto mit in den Kindergarten. Der Freund sagte: „Ich schnalle mich dann ab" (er meinte: wenn wir da sind). Lucas (3½ Jahre) bekam Panik und schrie, weil er dachte, sein Freund wollte sich während der Fahrt abschnallen. Wir hatten ihm erklärt, dass dies sehr gefährlich ist. – Als unsere Nachbarn ihr Haus renovierten, bauten sie den Briefkasten ab. Lucas war total besorgt und fragte, wo denn der Postbote nun die Post hinlegen werde.

Umgang mit Reizüberflutung

Gestresste Kindergartenkinder fallen meist durch Weinerlichkeit, Aufsässigkeit, Verweigerung oder auch durch völlig überdrehtes Verhalten auf, oder sie klagen über Kopf- und Bauchschmerzen. Oft sind diese Schmerzen rein psychosomatisch und somit ein Ausdruck ihres allgemeinen Unwohlseins. Das wird manchmal erst deutlich, wenn die Kinder wieder zu Hause sind. Da die Kinder schneller ermüden, sind ihre emotionalen Erschöpfungszustände auch immer von körperlichen begleitet. Eine Mutter hat das sehr extrem erlebt:

> Meine extrovertierte Tochter wurde im Kindergarten und in der Schule oft als pflegeleichtes Kind bewundert, mittags kam sie aber total überreizt nach Hause. Ihre „Zwischenablage" war voll mit unverarbeiteten Eindrücken. Kaum ging die Haustür auf, fing sie an zu kreischen. Manchmal hat sie dabei fast erbrochen. Sie brauchte immer einige Zeit, um ihre Seelenlast und ihre Überreizung herauszuschreien. Nach einer ganzen Weile ging es ihr dann besser.

Eltern und Erzieher sollten auf das Kind achten und für Entspannung sorgen, wenn sie eine Überreizung oder plötzliche Müdigkeit feststellen. Dann muss der Erwachsene entscheiden, was dem Kind die notwendige Entspannung bringen könnte. Mit etwas älteren Kindern kann man über ihre Grenzen sprechen, um sie dafür zu sensibilisieren. Introvertierte hochsensible Kinder werden das eher verstehen und beherzigen als extrovertierte Kinder. Versuchen Sie auch dem Kind zu spiegeln, was es gerade fühlt, denn selbst hat es dafür noch keine Worte. Sie können z. B. sagen: „Heute hast du viele neue Spiele kennengelernt und dir alles in deinem Kopf gemerkt. Das strengt ganz schön an, und darum bist du jetzt auch etwas müde. Wir machen jetzt zusammen eine Pause und ich lese dir ein Bilderbuch vor, und dann überlegen wir, wie der Tag für dich gut weitergehen kann." Fragen Sie das Kind nicht: „Möchtest du eine Pause machen?" Es kann selbst noch nicht einschätzen, was ihm guttun wird. Sie als verantwortlich handelnde Person entscheiden, dass jetzt eine Pause gemacht wird. Aber geben Sie dazu keine barsche Anordnung, sondern erklären Sie in ruhigem Tonfall, warum Sie das jetzt so entschieden haben. Hochsensitive Kinder wollen und können diese Zusammenhänge sehr gut verstehen.

Karin: Wenn Lucas gestresst und überreizt ist, fällt er durch überdrehtes Verhalten auf. Das ist zu Hause und auch im Kindergarten so. Um zur Ruhe zu finden, braucht er eine kurze Auszeit, was im Trubel des Kindergartens nicht so einfach ist.

Gemeinsam mit der Erzieherin haben wir vereinbart, dass er dann ins „Fischezimmer" gehen darf. Dies ist ein kleiner ruhiger Raum mit Aquarium. Dort kann er sich erholen und zur Ruhe finden. Oder er darf mit einer sehr kleinen Gruppe von Kindern in den Garten. Auch das hilft ihm gut, innerlich wieder zu entspannen.

Auch zu Hause braucht er immer wieder diese kleinen Pausen, um seinen „Akku aufzuladen".

Anfangs war ich es, die ihn zur Seite nahm, sich mit ihm hinsetzte oder hinlegte, damit er ruhig werden konnte. Nach einer gewissen Zeit, in der wir ihm erklärten, dass sein Akku leer ist und er ihn wieder aufladen muss, und das einübten, sucht er nun selber diese ruhigen Oasen im Alltag. Zur Zeit ist sein „Kuschelstuhl" ein Wippstuhl. Dort geht er von sich aus hin, wenn er spürt, dass er eine Pause braucht. Er kuschelt sich ein paar Minuten hin und setzt dann sein Spiel fort. Vor einiger Zeit, als wir in die Stadt wollten, sagte er: Mama, ich bin so müde, ich brauch erst eine Pause. Dann legte er sich kurz hin und ein paar Minuten später konnten wir aufbrechen.

Eine weitere Möglichkeit, seine Reizüberflutung abzubauen, ist viel Bewegung. Darum haben wir im Winter ein Trampolin in der Wohnung stehen. Er kann es jederzeit nutzen, um sich abzureagieren, und macht davon regen Gebrauch.

Introvertierte empathisch-hochsensible Kinder empfinden zu viele soziale Bindungen als belastend. Sie fühlen sich wohler mit einem guten Freund oder einer Freundin. Manchmal genügen sie sich auch einfach selbst. Das sollten wir akzeptieren. Sie brauchen ausreichend Zeiten allein, um das Erlebte innerlich zu verarbeiten und um zu regenerieren. Solch ein Verhalten ist normal. Der innere Druck, den die Kinder vormittags aufbauen, wird nicht selten erst in der freien Zeit am Nachmittag spürbar und sichtbar. Viele Eltern berichten mir: Im Kindergarten war noch alles gut, aber zu Hause bauen die Kinder total ab und es geht gar nichts mehr. Das kann schon beim Abholen beginnen. Sobald die Mutter den Kindergarten betritt, brechen die Kinder förmlich zusammen. Beim Anziehen fangen sie an zu weinen oder zu schreien. Egal was die Mutter versucht, es ist garantiert falsch. Jetzt wird deutlich, wie anstrengend es für das Kind war, sich den Vormittag über mit seiner Hochsensibilität an die Gruppe und die anderen Kinder anzupassen: Es kann einfach nicht mehr. Ich denke, dann muss es mit seinem Verhalten auch mal etwas aus dem Rahmen fallen dürfen. Jetzt darf es dem nachgeben, wie es sich fühlt, denn bei seiner Mutter ist es damit wieder sicher, geborgen und angenommen. Bringen Sie dem so gestressten Kind Verständnis entgegen, nehmen Sie seine Gefühle ernst. Dem Kind hilft nun eher Gelassenheit als Druck und Konsequenzen. Überforderte, gestresste und müde Kinder brauchen unsere Unterstützung. Und legen Sie bitte nicht alles auf die Goldwaage, was das Kind in dieser gestressten Situation gerade herausschreit! Als Mutter sollte man sich immer sagen: Das Kind meint jetzt nicht mich, sondern es meint den ganzen Tag. Es meint, dass es allein hier bleiben und alleine etwas bewältigen musste. Falls die Kinder in dieser Situation um sich schlagen oder ihre Mama hauen, müssen wir Grenzen setzen. Eigentlich versuchen sie sich durch diese extremen Reaktionen zu schützen oder ihren privaten Raum zu verteidigen, der in der Gruppe ständig angegangen wurde. Gleichzeitig wollen sie richtig und gut sein. Das ist ein enormer innerer Druck, der sich in extremen Reaktionen wie ziellosem Um-sich-Schlagen entladen kann.

> Karin: Diese Zusammenbrüche nach dem Kindergarten kenne ich gut von Lucas. Es ist für uns immer wieder eine Herausforderung, damit umzugehen. Ich übe mich darin, gelassen zu bleiben und die über mich hereinströmenden Sachen nicht persönlich zu nehmen.
>
> Wir haben für diese Zeiten ein paar Regeln festgelegt: Er darf seine Emotionen herauslassen, doch geschrien wird dann nur im Kinderzimmer. Auf Personen darf nicht geschlagen werden, sondern nur auf unser Trampolin oder ein bestimmtes Polster.

Nachdem die ersten heftigen Emotionen abgeladen sind, nehme ich ihn auf den Schoß und halte ihn an mich. Wenn ich dann ruhig mit ihm rede, ändert sich sein Verhalten relativ bald, und aus einem genervten wird ein kuscheliges und erschöpftes Kind. Ich helfe ihm dann auch, seine Gefühle zu benennen, z. B.: „Du bist müde nach dem Vormittag. Aber du bist auch aufgewühlt – hattet ihr Streit? Oder gab es heute etwas Besonderes im Kindergarten?" Wiederholt bestätige ich ihm, dass es völlig in Ordnung ist, wenn er nun eine Ruhezeit braucht. Wichtig ist dann seine Mittagspause: Darin kann er noch einmal für sich selbst zur Ruhe kommen und hat die Möglichkeit, Erlebtes zu verarbeiten, ohne neue Eindrücke aufzunehmen. Immer wieder spielt er auch Szenen aus dem Kindergarten nach.

Ein hochsensibles Kind kann eine Gruppe unbewusst als Bedrohung erleben, weil es hier ständig neuen Reizen ausgesetzt ist, ohne ausweichen zu können. Diese Reize summieren sich, es kommt zu einer Reizüberflutung und das bedeutet für das Kind hochgradigen inneren Stress. Es muss zwei Arten von Reizen bewältigen: einmal die starken Reize, die wir alle wahrnehmen. In einer Kindergruppe herrscht immer eine relativ hohe Geräuschkulisse, es sind viele Menschen mit unterschiedlichen Gefühlen und Bedürfnissen anwesend, es gibt Regeln, Spiele, Bilder, Farben, Gerüche – all das strömt ungefiltert auf das hochsensible Kind ein. Damit muss es Tag für Tag leben und fertig werden. Das kann die Kinder zuweilen spielunfähig, entscheidungsunfähig und teilnahmslos machen. Aber ebenso ist es möglich, dass diese Kinder ins gegenteilige Verhalten kippen: Sie überdrehen, sie werden albern oder sie erscheinen unberechenbar und nicht zu bändigen.

Daneben gibt es die diffusen schwachen Reize, die von anderen kaum wahrgenommen werden. Für ein hochsensitives Kind können sie jedoch genauso aufdringlich und nervend sein wie die offensichtlichen Reize der Kindergruppe. Da kratzt z. B. ein Schildchen in der Kleidung, der Stoff der Jeanshose ist etwas rau oder kaum wahrnehmbare Gerüche lösen einen Würgereiz aus. Bei meinem Sohn waren es oft ganz diffuse Hautempfindungen oder Geräusche, wie

z. B. das Krabbeln und Summen von Insekten, was ihn störte. Das erschien ihm genauso laut und unerträglich wie für andere Kinder ein Düsenjäger. Machen Sie sich bewusst, dass auch solche feinen sensorischen Reize für hochsensible Kinder starke Störungen sein können; sie brauchen dann jemanden, der sie in diesen Dingen ernst nimmt und nicht verurteilt. Verletzend ist es, wenn sie zu hören bekommen: „Nun stell dich nicht so an, das ist doch gar nicht schlimm. Es ist doch nur eine kleine Biene!" Für uns mag das richtig sein, aber für das Kind ist es in dem Augenblick einfach zu viel! Ich habe es erlebt, dass das hochsensible Kind mich fragte, nachdem ich im Stuhlkreis mit allen Kindern gesprochen habe: „Warum guckst du immer nur mich an, wenn du mit uns allen sprichst?" Schon mein flüchtiger Blickkontakt war ihm zu viel gewesen. Oder ich habe ein Bilderbuch vorgelesen und das hochsensible Kind sagte zu mir: „Hör auf, deine Stimme zu verstellen, ich kann mir schon alleine vorstellen, wie der Bär spricht." Selbst meine verstellte Stimme war ein zu starker Reiz für dieses Kind. Man kann froh sein, wenn die Kinder es schaffen, ihr Unbehagen in Worte zu kleiden, und so mutig sind, es auszusprechen und um Rücksichtnahme zu bitten.

Für hochsensible Kinder ist eine eher ruhige Raumgestaltung hilfreich, zu Hause wie im Kindergarten. Achten Sie darauf, dass nicht zu viele starke Muster im Kinderzimmer vorkommen. Das ist für hochsensible Kinder eine visuelle Überforderung. Farben, Muster, aufgehängte Bastelarbeiten und Bilder sollten sparsam eingesetzt werden, denn das alles strömt heftig auf unsere hochsensitiven Kinder ein. Themenaktionen oder Ausflüge brauchen Zeit zum Nachhallen und um aufgearbeitet zu werden. Sie wissen: Diese Kinder empfinden tiefer, denken intensiver über alles nach. Darum sollte man eher sparsam mit neuen Impulsen umgehen. Weniger ist mehr! Das gilt übrigens für alle Kinder.

Ordnung halten können ist eine gute Eigenschaft. Äußere Ordnung führt auch zu innerer Ruhe. Wenn die Kinder in einem überschaubaren, geordneten Raum spielen, fällt es ihnen leichter, sich für ein Spielzeug oder ein Spiel zu entscheiden. Wenn ich weiß, wo alles seinen Platz hat, dann finde auch ich selbst viel besser meinen Platz im Leben.

Für alle Kinder ist es hilfreich, mit einer Spielzeugreduzierung zu leben. In unserem Kindergarten haben wir regelmäßig spielzeugfreie Zeiten. Das kann man von Zeit zu Zeit auch zu Hause einführen. Oder man stellt die Regel auf: Für jedes neue Spielzeug muss ein altes raus. Wechseln Sie doch immer wieder mal das Spielzeug. Dann sind auch alte Spielsachen auf einmal wieder spannend.

Die Reizreduzierung im Alltag sollte in vielen Bereichen stattfinden. Ein Highlight am Tag reicht für Kindergartenkinder völlig aus. Wenn man es genau nimmt, gehört der Kindergarten schon dazu. Eltern sollten sich genau überlegen, welche Unternehmungen am Nachmittag noch sinnvoll sind. Wir sollten immer vom Wohl des Kindes ausgehen und uns fragen, was wichtig ist für das Kind und was es jetzt wirklich braucht.

Lernstress ade

Viele Eltern sind der Meinung, dass ihre Kinder sehr früh Neues lernen sollten. Aber müssen Kinder wirklich schon so früh eine Fremdsprache lernen oder ein Instrument spielen können und zusätzlich in der Leistungsriege des Turnvereins sein? Natürlich möchten wir unsere Kinder fördern, das kann ich als Mutter gut nachvollziehen. Aber unser Maßstab und unser Ziel sollte ein glückliches und ausgeglichenes Kind sein und nicht ein Kind, das viel weiß und kann und dabei unglücklich ist. Vergleichen Sie nicht die Menge der Aktivitäten Ihres hochsensiblen Kindes mit dem Pensum Gleichaltriger. Selbst was ihm richtig Spaß macht, kann für das HSK einfach zu viel Stimulation sein. Darauf sollten Eltern ein Auge haben und einen Riegel vorschieben, wenn sie merken, dass ihr Kind bereits gereizt ist und eigentlich Zeit benötigt, um das Erlebte zu verarbeiten. Natürlich ist das oft nicht leicht, besonders, wenn dem Kind eine Sache Spaß macht. Achten Sie bitte darauf, in welcher Stimmung und in welcher körperlichen Verfassung Ihr Kind nach Hause kommt.

Kindergeburtstage

Für ein hochsensitives Kind kann der eigene Geburtstag regelrechten Stress bedeuten. Die vielen Feiern – im Kindergarten und zu Hause mit der Familie, den Großeltern, Tanten, Onkeln und den Freunden sind häufig eine Überforderung. Dazu kommt eine Flut von Geschenken. Für Eltern ist es wichtig abzuwägen, was dem Kind wirklich guttut. Auch hier gilt der Satz: Weniger ist für das Kind mehr. Reduzieren Sie die Anzahl der Feiern, die Anzahl der Gäste und die Anzahl der Geschenke. Dazu kommt, dass gerade introvertierte hochsensible Kinder nicht gerne im Mittelpunkt stehen.

Es müssen nicht alle Feiern am Geburtstag selber stattfinden. Entzerren Sie die Feiern zeitlich voneinander. Wird morgens im Kindergarten gefeiert, so ist das für das Kind eigentlich schon genug für einen Tag. Den Nachmittag ruhig in der Familie zu verbringen und Zeit zu haben, um mit den Geschenken zu spielen, ist für das Kind sinnvoller, als sich auf weitere Gäste und weitere Geschenke einstellen zu müssen. Die Feier mit den Freunden kann auch noch ein paar Tage später oder sogar über eine Woche später stattfinden. Da hochsensible Kinder Überraschungen nicht so sehr mögen, ist es für sie hilfreich, Geburtstagsrituale zu haben, die sich jedes Jahr wiederholen. Auch ist es gut, mit dem Kind im Vorfeld abzusprechen, wer eingeladen wird und wie die Feier verläuft.

Entspannen und spielen

Fernsehsendungen sind zum Regenerieren nur sehr bedingt geeignet. Sie regen oft auf, statt zu beruhigen. Die angegebene Altersbeschränkung ist auch nicht unbedingt hilfreich. Der Maßstab ist nicht, was die Kinder in einem bestimmten Alter verkraften sollten, sondern was meinem Kind in seinem Alter, in seiner Situation guttut. Bestimmte Fernsehsendungen sollten mit hochsensiblen Kindern vorbereitet und auch nachbesprochen werden. Wir Erwachsenen brauchen Abwechslung, aber Kinder brauchen Wiederholungen, bis bestimmte Dinge vertieft und verstanden worden sind. Studieren Sie die Bedürfnisse Ihres Kindes und passen Sie sich dem Entwicklungsstand und dem Entwicklungstempo Ihres Kindes an. Im Kindergartenalter können sich Kinder noch nicht selbst regulieren. Sie sind auf unsere Fürsorge und unser Eingreifen angewiesen.

Wie kann man die Zeiten der Regeneration gestalten? – Es gibt ganz unterschiedliche Möglichkeiten, da jedes Kind andere Vorlieben und Bedürfnisse hat. Vorlesezeiten kommen meist gut an. Auch Musik kann sehr erholsam wirken. Haben Sie schon herausgefunden, welche Musik sich für Ihr Kind eignet? Vielleicht kommt es bei gemeinsamen Mahlzeiten zur Ruhe, oder wenn Sie besprechen, was heute schon alles passiert ist und was noch alles kommen wird. Das kann wie eine innere Reorganisation wirken. Wir machen einen Break und stellen kurz alles auf Stopp. Besonders, wenn einem Kind etwas zu viel geworden ist, bekommt es so das Gefühl: Und jetzt fange ich einfach noch mal von vorne an.

Hochsensible Kinder brauchen viel freie Zeit für frei gewähltes Spiel, wo sie bestimmen dürfen, was sie jetzt tun möchten. Es ist wichtig, ihnen diese Entscheidungsfreiheit zu geben und zu vermitteln: „Jetzt bist du dran! Du bist nicht mehr fremdbestimmt, sondern darfst jetzt selbst herausfinden, was dir guttut, und ich unterstütze dich darin." Die Kinder brauchen diese Zeiten, um emotional aufzutanken. Sehr gut ist es, wenn sie Zeit in der Natur verbringen können; im Wald zu spielen, Hütten zu bauen oder auf Bäume zu klettern ist die natürlichste Förderung für Kinder und hilft ihnen sehr, ihre inneren Spannungen abzubauen.

Hochsensible Kinder möchten Dinge in Ruhe ergründen und Zusammenhänge genau erforschen. In der Regel sind sie sehr wissbegierig und möchten Zusammenhänge genau verstehen. Manche lieben philosophische und spirituelle Überlegungen, sie stellen Fragen nach dem Sinn des Lebens oder Fragen über Tod und Sexualität. Mit unseren Antworten geben sie sich oft nicht zufrieden, sondern fragen weiter und weiter. Dabei können sie sich in Gedankenspiralen verlieren, wenn sie sich ein „Was-wäre-wenn"-Szenario ausmalen. Was machen wir Eltern dann? Es hilft dem Kind nicht, wenn wir es belächeln oder sagen: „Dafür bist du noch zu klein, das verstehst du einfach nicht." Wir müssen es ernst nehmen und dürfen ihm auf keinen Fall das Gefühl vermitteln, sich seiner Fragen schämen zu müssen. Aber helfen Sie Ihrem Kind, eine Grenze zu finden und aus dem Fragenkarussell auszusteigen. Sie können z. B. sagen, dass Sie sich manche Fragen auch schon gestellt haben, aber bisher noch keine befriedigende Antwort darauf gefunden haben. Oder dass man manches noch nicht weiß und es noch erforschen wird. Sie können auch sagen, dass Sie über eine bestimmte Frage erst nachdenken müssen, bevor Sie eine Antwort geben. Achten Sie in jedem Fall darauf, dass ein empathisches Kind sich nicht die Probleme der ganzen Welt auflädt und sie zu lösen versucht. Manchmal schaffen die Kinder, aus ihrem Fragenkarussell auszusteigen, wenn man ihnen hilft, sich intensiv mit etwas anderem zu beschäftigen. Mit zunehmendem Alter brauchen sie nicht mehr unsere fertigen Antworten, sondern eine Anleitung, wie sie selbst etwas herausfinden können. Da kann man ihnen sagen: „Du, ich weiß auch nicht alles, sondern habe oft genau so viele Fragen wie du." Und dann können wir gemeinsam schauen, wo wir Antworten auf die vielen interessanten Fragen finden.

Sehr beschäftigte Eltern sollten zu ihrer Entlastung wissen: Nicht die Quantität an Zeit zählt, sondern die Qualität der gemeinsam verbrachten Zeit. Ihr Kind kann auch mal Phasen haben, wo es sich langweilt. Viele Kinder kennen es nicht, sich zu langweilen, oder sie finden es bedrohlich. Wiederholt fragten mich besorgte Eltern, wie sie damit umgehen sollen, dass sich das Kind im Kindergarten gelangweilt hat. Ich reagiere dann optimistisch und sage: „Prima, Ihr Kind hat eine ‚lange Weile Zeit', daraus kann viel Kreatives entstehen." Aus Erfahrung weiß ich, dass aus einem Zur-Ruhe-Kommen und einem Sich-neu-Orientieren oft die kreativsten Ideen erwachsen. Durch diese Zeiten lernen sie, selbst Lösungen gegen Unterforderung zu entwickeln. Darum ist es sogar gut, auch mal Langeweile zuzulassen und die Kinder nicht dauernd auf Trab zu halten. Oft beginnen die Kinder dann, sich mit Playmobil oder Lego selbst eine kleine Welt aufbauen, oder sie spielen Rollenspiele mit Puppen und Kaufläden. Hier spielen sie das Leben nach oder setzen Fantasien um, und hier können sie eigene Regeln und Ordnungen festlegen. Dabei probieren und trainieren sie Verhaltensweisen, die sie später im echten Leben anwenden. Das sind wichtige und tiefe Lernerfahrungen. Mein Sohn hat ganz lange mit Playmobil und später mit Lego gespielt. Erst als er fünfzehn Jahre alt war, hat er sein geliebtes Lego weggeräumt. Es war für mich manchmal herausfordernd zu sagen: „Ja, er darf auch in dem Alter noch damit spielen." Seien Sie offen für ungewöhnliche Verhaltensweisen des Kindes.

Manche Kinder mögen es, sich durch Malen auszudrücken. Ich habe eine Familie mit einem hochsensiblen Kind kennengelernt, die im Wohnzimmer eine Staffelei stehen hatten. Außerdem standen ständig Farben zur Verfügung. Immer, wenn ihm etwas zu viel geworden ist, hat das Kind angefangen zu malen. Das war in der Familie so entstanden. Ich fand das sehr anschaulich: Das Kind kehrt dem Alltag den Rücken zu und wendet sich nun etwas anderem, etwas Schönem zu. Es geht dabei nicht darum, dass tolle Bilder entstehen, sondern lediglich um den Umgang mit Farben. Für das Kind hatte das einen meditativen Charakter, es kam innerlich zur Ruhe. Tiere haben oft eine beruhigende Wirkung auf hochsensible Kinder. Wenn mein Sohn sich zurückzieht, nimmt er gerne die Katze mit und schließt sich mit ihr ein. Er begründete das einmal so: „Außerdem kann mir die Katze viel länger zuhören, als du das kannst. Und sie versteht mich auch viel besser, als du das kannst." Also schauen Sie, was Ihrem Kind guttut und welche kreativen Ideen es entwickelt.

Eine gute Kommunikation mit dem Kind

Eine gute Kommunikation miteinander ist besonders für hochsensible Kinder wichtig. Es gibt Kinder, die verbal überdurchschnittlich fit sind, sie diskutieren viel und gerne. Besonders die extrovertierten Kinder lassen ihren Gefühlen gern freien Lauf, oder sie fragen ständig nach und lassen nicht locker, bis sie das gewünschte Ergebnis haben. Introvertierte Kinder sind eher still und schweigsam, sie machen viele Sachen lieber mit sich selbst aus. Sie trauen sich nicht, viel zu fragen; manche können auch schlechter formulieren und die Sache auf den Punkt bringen. Beide brauchen in ihrer Eigenart Hilfe und Begleitung. Wir sollten, was die Kommunikation angeht, selbst gute Vorbilder sein. Haben Sie schon mal Ihren eigenen Kommunikationsstil beobachtet? Arbeiten Sie selbst mit kurzen, klaren Ansagen oder texten Sie Ihre Kinder zu? Diskutieren Sie ständig alles mit Ihren Kindern aus, oder versuchen Sie kurz und deutlich zu reden? Halten Sie sich selbst an gute Kommunikationsregeln? Können Sie Ihrem Kind gut zuhören?

Ein einfacher Tipp: Gehen Sie bei wichtigen Gesprächen mit dem Kind auf Augenhöhe. Hocken Sie sich hin oder holen Sie das Kind auf Ihren Schoß. Halten Sie Augenkontakt und eventuell Körperkontakt durch eine leichte Berührung, wenn Ihr Kind dies zulässt. Fragen Sie nach: „Habe ich dich richtig verstanden, meinst du das so und so oder möchtest du es mir noch mal erklären?" Manchmal braucht man Zeit und Geduld, bis eine Sache richtig raus ist. Das hat auch viel mit respektvoller Kommunikation zu tun, die für hochsensible Kinder sehr wichtig ist. Wenn es um Regeln geht, lassen Sie das Kind Ihre Ansage wiederholen. „Hast du mich richtig verstanden? Wiederhole doch mal, was ich gerade gesagt habe." So kommen Sie möglichen Unstimmigkeiten auf die Spur.

Leben zwischen Schutzraum und Herausforderung

Zum Abschluss noch zwei wichtige Aspekte für die Erziehung der hochsensiblen Kinder in diesem Alter. Finden Sie einen guten Weg zwischen Schutzraum und Herausforderung. Auf das Kind einzugehen und ihm emotionalen Schutz zu geben bedeutet auf keinen Fall, es ständig „in Watte zu packen". Wie alle anderen Kinder auch, müssen HSK mit klaren Regeln und logischen Konsequenzen aus ihrem Verhalten erzogen werden. Geben Sie Ihrem Kind ständig kleine oder auch sehr kleine Herausforderungen, an denen es seine Fähigkeiten bewusst üben und trainieren kann. Diese Kinder müssen erleben, dass sie etwas schaffen, und sie müssen im Alltag erkennen, wozu sie fähig sind. Werden ihnen ständig Aufgaben erlassen oder werden die Aufgaben von den Eltern oder anderen Personen übernommen, weil es so vielleicht schneller geht, gibt man dem Kind das Gefühl, dass man ihm nichts zutraut. Die Folge ist: Es wird sich später selbst auch nichts zutrauen. Besser ist es, das Kind zu unterstützen und anzuleiten und überfordernde Erlebnisse in einem Gespräch kindgemäß aufzuarbeiten. Bei einem hochsensiblen Kind sollte nicht der Erfolg seines Handelns zählen, sondern vielmehr der Versuch – das ist ein großer Unterschied! Gerade diese Kinder sind geistig sehr fit und lernen recht gut daraus, wenn sie gemeisterte Situationen oder auch ihr Scheitern rückblickend betrachten und

Begründungen dafür finden. Durch das gemeinsame Verarbeiten mit einem Erwachsenen wird ihr Selbstbewusstsein gestärkt und sie entwickeln Lebenszuversicht.

Wenn wir Kinder mit Selbstvertrauen haben wollen, brauchen wir Eltern, die ihren Kindern etwas zutrauen. Wir brauchen Eltern, die ihr Kind loslassen und den Erziehern ihres Kindes vertrauen. Andrea Brackmann sagt zu der Frage, was Kindern am besten hilft: „Entscheidend ist, dass das unsichere, zweifelnde Kind sich von seinen Eltern angenommen fühlt. In der Therapie unterstütze ich dies, indem ich zuerst die Vorzüge seiner nachdenklichen, introvertierten Natur bespreche. Das Selbstvertrauen schüchterner Menschen erwächst weniger aus dem Erlernen selbstsicherer Verhaltensweisen und dem Antrainieren sozialer Kompetenzen als vielmehr aus der Akzeptanz der ihnen eigenen Wesenszüge."[2]

Ergänzung zum Kindergartenalter: Fragen und Antworten aus den Seminaren

▶ Frage: Was kann ich machen, wenn ich meine, dass mein Kind hochsensitiv ist, aber die Erzieher es nicht merken oder es anders sehen?

▶ Antwort: Zuerst einmal sollten Sie solch wichtige Themen nie zwischen Tür und Angel besprechen, sondern einen Termin ausmachen und ankündigen, dass Sie etwas Wichtiges auf dem Herzen haben. Manchmal muss man hartnäckig bleiben und auch mal recht selbstbewusst auftreten, um Gehör zu finden. Im Gespräch berichten Sie ganz sachlich Ihre Beobachtungen zu Hause und fragen Sie dann die Erzieherin, was sie in ähnlichen Situationen beobachtet. Manchmal verhalten sich Kinder im Kindergarten anders als in der Familie, denn das Zuhause ist ein gewisser Schutzraum und es gibt andere Gewohnheiten und Verhaltensmuster und Beziehungen. Darum müssen Eltern und Erzieher aufeinander hören, das Verhalten vergleichen und gemeinsam schauen, ob es Unterschiede gibt oder nicht und welche gemeinsame Strategie man gegebenenfalls verfolgen kann. Das sollte man miteinander planen und auch gemeinsam umsetzen. Aber bedenken Sie dabei, wie vielen Kindern die Erzieher jeden Tag gerecht werden müssen und dass sie oft an der Grenze ihrer Kraft arbeiten.

▶ Ergänzung einer Erzieherin: Ich kann das bestätigen. In dem halboffenen Kindergarten, wo ich arbeite, ist es einfach schwierig, die hochsensiblen Kinder aufzufangen. Ich habe so ein Kind und ich weiß, dass es hochsensibel ist, weil ich es auch bin. Meine Kolleginnen haben sich mit dem Thema noch nicht so sehr beschäftigt. Ich kann das Kind auffangen, aber leider nicht so, wie es dem Kind guttäte. Da sind schon Defizite und für mich ist das immer ein Spagat, weil ich einerseits weiß, dass dieses Kind etwas anderes bräuchte als diesen Stress, aber ich kann ihm nicht geben, was es braucht, wenn ich alleine bin und neunzehn andere Kinder auch noch da stehen.

▶ Antwort: Ja, das ist total herausfordernd, gerade in einem halboffenen Konzept. Da kommen wir an unsere Grenzen, das müssen wir uns eingestehen. Wichtig ist es, mit den Eltern zu beraten, ob sie zu Hause einen Ausgleich schaffen können. Oder ich versuche immer kurze Eins-zu-eins-Situation zu schaffen, als kleine Highlights am Vormittag, wo ich mit dem Kind auf Augenhöhe gehe und mich ihm ganz zuwende. Manchmal sind es nur fünf Minuten, wo ich versuche, ganz viel reinzulegen oder herauszufinden, was es gerade braucht.

▶ Ergänzung einer Mutter: Bei zweien unserer Kinder haben wir folgende gute Erfahrungen gemacht. Wir hatten mehrere Kindergärten zur Wahl, der nähere hatte fünf Gruppen. Wir haben uns dann für einen Kindergarten entschieden, der zwei Orte weiter ist, weil da der Geräuschpegel viel niedriger war, denn dort gab es nur zwei Gruppen. Es ist zwar viel umständlicher für uns, aber ich habe das Gefühl, es hat sich ausgezahlt, denn unser Kind ist fast nie krank. Ein zweiter kleiner Trick war, dass wir auch nach der Eingewöhnungszeit immer noch einen „Mamatag" hatten. Dann war das Kind nur vier Vormittage im Kindergarten. Das hat meinen hochsensiblen Kindern gereicht. Erst später, als Vorschulkinder, blieben sie die ganze Zeit. Und noch etwas hat sich bei uns bewährt. Wir haben zwei unserer Kinder noch mal aus dem Kindergarten rausgenommen, weil wir merkten, dass es für sie doch nicht der richtige Zeitpunkt war, obwohl wir die Eingewöhnungsphase nach allen Regeln der Kunst gestaltet hatten. Ein Kind haben wir ein ganzes Jahr zurückgestellt, das andere sogar zwei Jahre. Eingewöhnen heißt ja nicht: Das muss jetzt unbedingt passieren, sondern: Wir schauen gemeinsam, ob es passt. Für uns hat sich dieses Vorgehen sehr gelohnt.

▶ Frage: Ich bin etwas irritiert. Ich finde mein Kind zum Teil in den Beschreibungen, aber dann auch wieder nicht. Es hieß, dass besonders in der Babyphase hochsensible Kinder Ruhe brauchen. Aber mein Kind ist neben dem Staubsauger eingeschlafen oder auch beim Autofahren. Ist das normal?

▶ Antwort: Da gibt es viele Überschneidungen. Bei manchen Kindern ist die Hochsensibilität in bestimmten Bereichen stark ausgebildet und es gibt Bereiche, wo sie gar nicht hochsensibel sind. Nicht alle Kinder haben eine sensorisch empfindsame Haut, aber dafür reagieren sie vielleicht auf Geräusche oder auf Geschmack oder Gerüche. Zum Glück haben die meisten hochsensiblen Kinder nicht alle Empfindsamkeiten gleichzeitig. Ihr Kind kann anscheinend laute Geräusche vertragen, aber wie ist es mit anderen Dingen?

▶ Ergänzung: Mir geht es ähnlich und auch einem meiner Kinder geht es so. Ich habe für mich festgestellt, dass ich mich bei Hintergrundmusik sogar besser konzentrieren kann, weil ich dadurch alle anderen Geräusche ausschließe. Musik ist ein Geräusch, das mir wohltut und mir hilft, mich zu konzentrieren. Ich bin damit viel leistungsfähiger, aber andere würde es nerven.

▶ Frage: Ich bin selbst Oma und Mutter und kenne das Dilemma der Zerrissenheit. Muss ich wirklich arbeiten gehen, wenn ich weiß, ich habe ein hochsensibles Kind? Ich kenne den finanziellen Druck, wir hatten selbst sehr wenig Geld, konnten nicht in Urlaub. Aber meine Kinder waren mir das Wichtigste und darum habe ich auf finanzielle

Vorteile und auf bestimmte Annehmlichkeiten verzichtet. Ich weiß, dass diese Einstellung gerade heutzutage etwas provokant ist.

▶ Antwort: Ja, diese Haltung ist sehr mutig. Aber die Lebenssituation erfordert es bei vielen Müttern, arbeiten zu müssen, auch wenn sie ein hochsensibles Kind haben. Wir sollten niemand dafür kritisieren. Oft ist es für diese Mütter ein schmerzhafter Spagat. Sie müssen immer schauen, wie sie das Beste aus ihrer Situation machen können.

▶ Ergänzung: Das Thema Hochsensibilität ist noch nicht allen Eltern bekannt, und es ist auch noch lange nicht allen Erziehern bekannt. Eine Möglichkeit für Eltern ist: In jeder Kita sollte es eine Elternvertretung geben. Über diese Elternvertreter kann man jemand einladen zu einem Informationsnachmittag oder -abend zum Thema Hochsensibilität. Da erreicht man die Eltern und die Erzieher. Oder die Erzieher laden jemanden ein. Ich denke, das ist ein einfacher Weg, damit das Thema Hochsensibilität bekannt wird und unsere Gesellschaft es mehr wahrnimmt.

▶ Ergänzung: Diese Kinder brauchen mutige Entscheidungen von uns Eltern. Auch wenn die übrige Gesellschaft vieles anders macht und bestimmte Erwartungen hat. Haben Sie die Courage, auch mal gegen den Strom zu schwimmen. Es geht um Ihre Kinder, um deren Leben und deren Zukunft. Nehmen Sie als Eltern Ihre Verantwortung wahr.

▶ Frage: Für mich entsteht ein Spannungsfeld. Ich soll mein empathisches Kind verstehen und auf es eingehen, ich soll seine Gefühle ernst nehmen und dabei gelassen bleiben und konsequent. Wie kann ich auf das Kind eingehen und trotzdem etwas von ihm fordern? Wenn z. B. meine Schultern schmerzen, weil ich es getragen habe, das Kind ist müde und ich bin einfach müde. Kann ich dann sagen: Du bist jetzt zwar müde, aber trotzdem kannst du allein die Treppe hochgehen?

▶ Antwort: Ja, das ist möglich. Wichtig ist, dass wir Eltern immer echt sind. Auch wir haben Gefühle und zeigen bestimmte Reaktionen, denn es macht ja etwas mit uns, wie das Kind sich verhält. Das dürfen wir – nein, das müssen wir – dem Kind sagen, denn es spürt, ob wir ihm wahrhaftig entgegentreten oder ob wir drum herumreden oder ob wir unsere eigenen Grenzen auch nicht beachten. Seien Sie echt.

▶ Frage: Eine Reizüberflutung ist oft nicht zu vermeiden. Was kann ich tun, um mein überreiztes Kind nach dem Kindergarten oder der Schule oder nach anderen stimulierenden Erlebnissen wieder ins Gleichgewicht zu bringen?

▶ Antwort: Je nach Typ und Alter des Kindes können Sie dies ausprobieren: Vielen Kindern helfen körperliche Aktivitäten. Einmal lenkt das ab von den vielen Wahrnehmungen. Darüber hinaus trägt es dazu bei, die Körperchemie wieder ins Gleichgewicht zu bringen, denn es erhöht den Pegel der Endorphine („Glückshormone"), die den Stress reduzieren. Gleichzeitig kommt es dabei zu einer vermehrten Sauerstoffzufuhr ins Gehirn. Anderen Kindern hilft das Gegenteil: langsam, bewusst ein- und ausatmen und dabei Blumen oder Tiere betrachten oder eine Szene, die beruhigende Wirkung hat. Vielen Kindern hilft es, wenn man in die Natur geht. Ich regeneriere am besten bei einem Spaziergang im Grünen oder durch leichte Gartenarbeit.

Durch Musik oder Hörspiele oder eine andere fesselnde Aktion kann ein Kind abgelenkt werden. Gerade haben wir gehört, dass sich jemand bei Hintergrundmusik besser konzentrieren kann. Der breite „Aufnahmekanal" wird so zeitweilig außer Kraft gesetzt und auf eine Sache fokussiert. Vor einigen Jahren lasen wir, dass durch das Hören von lauter Musik Schmerz übertönt wird und einige Zahnärzte das bei ihren Patienten anwenden.

Überlegen Sie, was Ihrem Kind Lebensfreude und Spaß vermittelt. Bringen Sie ihm bei, etwas zu genießen. Bringen Sie Ihrem Kind bei, rechtzeitig Pausen einzulegen und sich nicht überverantwortlich zu verhalten. Am besten lernt es das alles durch Ihr Vorbild. Probieren Sie aus, was Ihrem Kind am besten hilft.

▶ Frage: Wir haben gute Erfahrungen gemacht mit Zubettgeh-Ritualen. Das Kind besteht nun immer darauf. Ist das nur bei uns so? Können Sie etwas zu Ritualen sagen?

▶ Antwort: Alle Kinder lieben Rituale, denn Rituale vermitteln Sicherheit, weil sie berechenbar sind. In der Regel freuen sie sich darauf, weil es ihnen das Gefühl von Stärke gibt. Es fühlt sich für Kinder sehr gut an, im verwirrenden Alltag über berechenbare Situationen Bescheid zu wissen. Mit schönen Ritualen können stressige Zeiten entspannter werden, weil ein Kind sie als geregelten Ablauf erlebt. Das Kind freut sich drauf und das Leben der Eltern wird leichter. Wenn ein Kind weiß, was am Abend in welcher Reihenfolge geschieht, bis in seinem Zimmer das Licht gelöscht wird, lässt es sich leichter zu Bett bringen. Waschen und Zähneputzen macht keinen Spaß, aber es kann sich auf die Gute-Nacht-Geschichte freuen, die unweigerlich danach kommt. Oder auf das Abendlied, das Abendgespräch und Kuscheln am Bett oder das Nachtgebet.

Kleine Rituale erleichtern dem Kind nicht nur das Schlafengehen, sondern auch die Übergänge zwischen den Hauptphasen des Tages. Unsere Kinder haben das gemeinsame Frühstück geschätzt, das mit einem Segensgebet für die Schule abschloss. Die Zeit des Nachhausekommens ist auch wieder wichtig. Manche Familien haben es sich zur Gewohnheit gemacht, das Kind mit Handschlag oder einem Wangenkuss zu begrüßen. Wann immer sich im Alltag wiederkehrende problematische Situationen auftun, überlegen Sie, ob Sie diese durch eine Regel oder ein kleines Ritual entschärfen können.

Im Jahr 2006 wurde von der AOK und dem „Stern" eine Studie an der Uni Bielefeld in Auftrag gegeben zum Thema: Was fördert das gesunde Aufwachsen von Kindern in Familien?[3] Es lohnt sich, die neun Punkte dieser Studie zu lesen, weil sie sehr anschauliche Beispiele gibt. Zum Thema „Regelmäßige Tagesabläufe gestalten, Routinen und Rituale finden" kommt die Studie zu dem Schluss:

„Geregelte Tagesabläufe und Routinen sind wichtig für das seelische Wohlbefinden. Sie vermitteln den Kindern Sicherheit und Beständigkeit und bieten der Familie Gelegenheit, intensive Zeit miteinander zu verbringen. Außerdem erleichtern sie auch den Alltag der Eltern. Tägliche Rituale, etwa beim Zubettgehen oder beim Essen, sind Gelegenheiten, den Kindern ungeteilte Aufmerksamkeit und Zuneigung zu geben. Sie schaffen zudem ein ‚Wir-Gefühl‘ und unterstreichen die Bedeutung der Familie als feste Gemeinschaft ... Diese für eine positive emotionale Befindlichkeit von Kindern notwendige regelmäßige, ungeteilte Aufmerksamkeit, körperliche Nähe sowie Gespräche und gemeinsame Tätigkeiten müssen – wie die Erfahrungen aus den Familien zeigen – nicht unbedingt sehr viel Zeit in Anspruch nehmen. Entscheidend sind vielmehr die Regelmäßigkeit und die Intensität."

Kapitel 4

Hochsensitive Kinder in der Schule

Die Schule kennenlernen

In die Schule zu gehen ist eine Selbstverständlichkeit. Darum sollten wir unseren hochsensitiven Kindern diesen neuen Lebensabschnitt als normalen Vorgang vermitteln und nicht als etwas ganz Besonderes. Wenn Eltern ihre eigene Schulzeit in schlechter Erinnerung haben, möchten sie in der Regel ihren Kindern ähnliche Erfahrungen ersparen. Das ist verständlich, aber es kann dazu führen, dass sie unbewusst bei ihrem Kind Ängste schüren. Hüten Sie sich, Ihre eigenen Ängste und Sorgen auf Ihr Kind zu übertragen. Je unaufgeregter und entspannter wir Eltern mit ihnen diesen Lebensabschnitt angehen, desto selbstsicherer, optimistischer und gelassener können sie in die Zukunft blicken und auf das Neue zugehen. Dazu gehört, die möglichen Fragen des Kindes zu klären, eine Ortsbegehung zu machen und die Räume zu erklären. Nehmen Sie dazu Besuchertage an der neuen Schule wahr oder besuchen Sie den Schnupperunterricht und üben Sie den Schulweg. Wenn möglich, sollten die Kinder auch ihren zukünftigen Klassenlehrer kennenlernen.

Meinem Sohn haben zwei Dinge geholfen, sich an seine Grundschule zu gewöhnen. Da seine Schule sehr nah war, konnte er schon vorher ab und zu nachmittags auf dem Schulhof spielen und Fahrrad fahren. Dabei hat er den Hausmeister kennengelernt. Nach dem dritten oder vierten Mal hat dieser ihn gefragt, ob er sich die Schule angucken möchte, er ganz alleine mit dem Hausmeister. Darüber ist eine Freundschaft zwischen dem Hausmeister und meinem Sohn entstanden, die vier Jahre angedauert hat. Dieser Hausmeister war letztlich der Grund, dass mein Sohn gerne in diese Schule gegangen ist. Manchmal muss man andere kreative Wege finden, um den Kindern zu helfen, sich fröhlich auf neue Situationen einzulassen.

Das Zweite ist, dass wir damals vor der Einschulung Fotos von ihm und der Schule gemacht haben. Vor dem Schuleingang, im Klassenzimmer, vor der Turnhalle und an anderen Stellen. Die Fotos wurden dann im Kinderzimmer aufgehängt. Das hat ihm geholfen, sich selbst im Zusammenhang mit der Schule sehen zu können und sich frühzeitig ein Bild von sich und der Schule zu machen. Das hat zu Hause oft zu Fragen und Gesprächen geführt: „Warum ist denn da der Turnunterricht? Wieso ist die Tür so groß, das sieht ja ganz anders aus als im Kindergarten?" Das alles hat ihm sehr geholfen, sich entspannt auf den ersten Schultag und die folgende Schulzeit einzulassen.

Merkmale hochsensibler Schulkinder

Wodurch unterscheiden sich hochsensible Schulkinder von anderen Kindern? Was sind typische Merkmale? Eltern lieben in der Regel den Wissensdurst dieser Kinder. Sie sind kreativ und haben für ihr Alter eine ungewöhnliche Weitsicht. Manchmal entwickeln sie ganz besondere Talente in der Musik, im Malen oder in Mathematik und den Naturwissenschaften. Sie gelten als pflegeleicht und ziehen nicht sofort die Aufmerksamkeit der Lehrer auf sich. Hochsensitive Kinder neigen kaum zu Tätlichkeiten, zum Lügen, Stehlen oder zu Verbalattacken gegen Lehrer und Mitschüler. Nur äußerst selten fallen sie durch schwerwiegende Verhaltensprobleme auf. Schlimmstenfalls spielen sie den Klassenclown oder geben den Besserwisser. Sie sind gute Schüler, oft bringen sie Leistungen, die über dem Niveau der Klasse liegen. Einige gehören zu den hochbegabten Kindern. Sie lernen meist gerne und ernten in der Regel viel Lob von ihren Lehrern. Aber wenn sie zu still, zu introvertiert sind, werden sie leider oft von Lehrern nicht richtig wahrgenommen. Viele sind beliebt bei ihren Mitschülern und manche wirken in ihrer Klasse sogar positiv beeinflussend. Nach einer gewissen Zeit haben sie zumindest eine enge Freundschaft geknüpft oder sich einem kleinen Kreis Gleichgesinnter angeschlossen.

Weniger gut ist, dass die Schulsituation für hochsensible Kinder sehr anstrengend sein kann. Da über 80% der Kinder nicht hochsensibel sind, ist unser Schul- und Lernsystem auf diese große Gruppe ausgerichtet. Darum kommen unsere hochsensitiven Kinder nicht immer mit dem System in ihrer Klasse zurecht. Sie bemühen sich um Selbstkontrolle und möchten auf jeden Fall von den Klassenkameraden akzeptiert sein. Bei Zurückweisungen oder Hänseleien können sie richtig in Wut geraten oder sie brechen in Tränen aus und ziehen sich zurück. Sie haben Beziehungsprobleme. Im Elterngespräch beschreiben die Lehrer sie dann als „zu empfindlich". Die Klassenclowns unter den hochsensiblen Kindern haben dagegen Probleme mit ihren schulischen Leistungen. Andere finden es viel interessanter, ihrem Hobby oder Spezialinteresse nachzugehen, als ihre Nase in Schulbücher zu stecken. Diese zwei Typen kann man beobachten: die „Generalisten" und die „Spezialisten".[1] Die Spezialisten haben ein oder zwei Gebiete, in denen sie richtig gut sind. Das andere interessiert sie nicht besonders. Sie lieben vielleicht botanische Studien oder kennen das Leben bestimmter Käfer genau. Die Generalisten interessieren sich immerzu für alles und sind meist auch in vielen Bereichen recht gut. Sie stecken voller Ideen und Wissen und wollen ständig ihre Erkenntnisse im Unterricht einbringen. Also tun sie das, bei jeder Gelegenheit, ob es passt oder nicht. Manche sind dann recht bald als „Streber" verschrieen.

Faktoren, die die Leistung beeinträchtigen

Hochsensitive Kinder sind in der Schule ständig einer Überstimulation ihrer Sinne ausgesetzt. Vor dem Schulbeginn sitzen einige in einem lauten, völlig überfüllten Schulbus, danach müssen sie es stundenlang in einem vollen und vielleicht engen Klassenzimmer aushalten. Ständig umgibt sie ein gewisser Lärmpegel und die Schultage werden von Jahr zu Jahr länger. Dann erleben sie bei den Lehrern unterschiedliche Persönlichkeiten, auf die sie sich einstellen müssen, und wechselnde Arten und Formen der Unterrichtsgestaltung fordern sie heraus. In kürzester Zeit strömen eine Vielzahl von Themen und Methoden auf sie ein. In der Schule sind die Kinder auch zum ersten Mal mit Strafen, Verweisen oder Klassenbucheinträgen der Mitschüler konfrontiert. Auch das müssen sie seelisch verkraften und einordnen, vor allem die empathischen Kinder. Eine empathisch hochsensitive Frau erzählte uns dazu: „In meiner Klasse war ein Junge, der sehr schlecht lesen konnte. Er stotterte dabei. Weil er ausgelacht wurde, habe ich so sehr um ihn gelitten, dass ich körperliche Schmerzen hatte. Ich fühlte mich dann richtig krank und es hat immer eine Weile gedauert, bis ich mich innerlich wieder gefangen hatte. Ich hatte selbst auch immer eine Wahnsinnsangst vor Versagen."

Nun ist es aber die Veranlagung der hochsensitiven Kinder, alles auf einer viel tieferen Ebene zu verarbeiten, um es zu erfassen und für sich einordnen zu können. Es geht hierbei nicht um das Verstehen des Stoffes, das geht oft ziemlich schnell, denn hochsensible Kinder haben eine recht gute Auffassungsgabe. Aber mit gewissen Themen sind sie einfach länger und tiefer beschäftigt. Dann schweifen sie mit ihren Gedanken ab. Das geschieht aber auch, wenn sie sich unterfordert fühlen und sich langweilen. Kommen sie dann in die Gegenwart zurück, haben sie oft den Anschluss verpasst, was ebenfalls problematisch sein kann. Empathisch hochsensitive Kinder sind dem Lernstoff intellektuell gewachsen, aber aufgrund ihrer Empathie werden sie oft von den Stimmungen und Nöten der Mitschüler vom Unterricht abgelenkt. Wie wir bereits sagten, können diese relativ schwachen Reize für hochsensitive Kinder ebenso stark sein wie die normalen. Diese Reizüberflutung kann eine Versagensspirale in Gang setzten.

Introvertierte hochsensitive Kinder stehen nicht gerne im Rampenlicht. Wenn sie vor der Klasse oder einer Gruppe etwas sagen müssen und dabei von allen angeschaut werden, kann sie das aus dem Konzept bringen. Sie vergessen ihre Aufgabe, weil sie die Blicke und das Verhalten der anderen wahrnehmen und darüber reflektieren: „Warum starrt der mich so an? Und warum hat die jetzt nach unten geschaut und der schubst den Nachbarn an – was hat er wohl? Hat das mit mir zu tun?" Das geht in Sekundenbruchteilen durch ihren Kopf und lenkt sie ab. Weil sie dann den Faden verlieren, kann es passieren, dass sie einen Blackout haben und wie dumm dastehen, wenn sie plötzlich vom Lehrer angesprochen werden. Am liebsten würden sie dann im Boden versinken. Überhaupt haben sie Probleme, gute Leistungen zu bringen, wenn sie sich beobachtet fühlen. Ihre Aufmerksamkeit richtet sich dann eher auf den Beobachter und nicht mehr auf die Aufgabe. Obwohl sie den Stoff beherrschen, können sie in diesen Situationen versagen.

Da sie bei Entscheidungen tiefer und länger nachdenken und abwägen, wirken sie oft unentschlossen und wissen keine schnelle Antwort. Bei einem forschen Papa oder einer entscheidungsfreudigen Mama oder einem ungeduldigen Lehrer haben sie damit keine guten Karten. Erwartungsdruck und Entscheidungsdruck von Erwachsenen ist furchtbar für sie. Vor allem, wenn sie dafür ausgelacht oder beschämt werden, lähmt sie das bei jedem Mal mehr. Ängste entstehen und sie geraten in eine Versagensspirale, eine emotionale Blockade, die es ihnen unmöglich macht, ihr Potenzial auszuschöpfen und die guten und sehr guten Leistungen zu zeigen, zu denen sie eigentlich fähig sind.

Spirale des Versagens

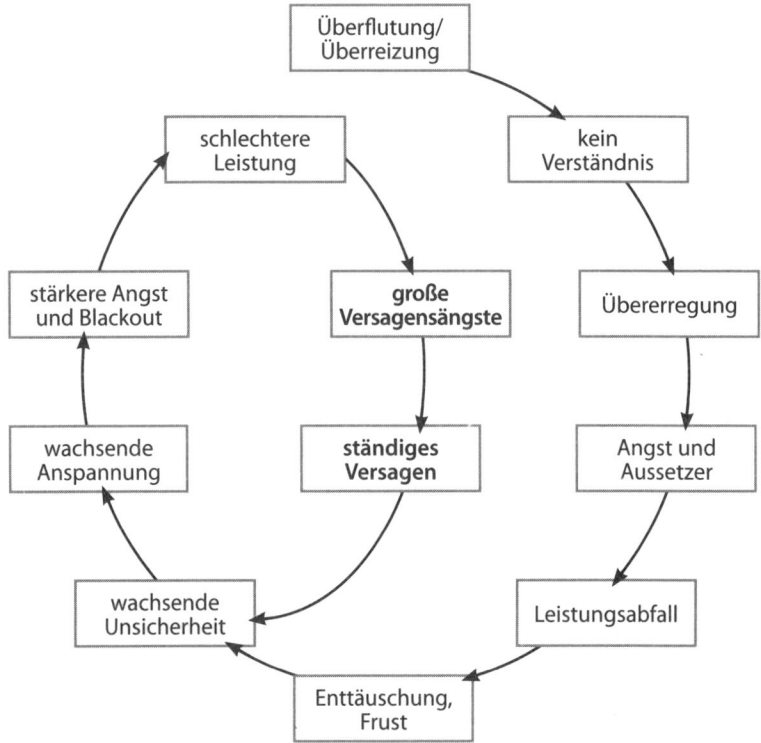

Dazu kommt, dass das tägliche Leben mit einer Überzahl normalsensibler Mitschüler für sie meist eine zusätzliche Herausforderung ist. Mit ihrer spezifischen Gabe bilden sie einfach eine Minderheit. Die Lehrpläne, die Stundenpläne, die Unterrichtsformen sind jedoch für die Mehrheit konzipiert. Zum Beispiel ist Gruppenarbeit für introvertierte Kinder keine ideale Unterrichtsform, in der sie ihre Leistungen zeigen und entfalten können. In einer Gruppe kommen sie oft gar nicht dazu, ihre Gedanken zu ordnen und einzubringen, weil die schnelleren oder extrovertierten Kinder den Ablauf und das Vorgehen bestimmen. Während die HS-Kinder noch die Antworten der anderen abwägen, geht der Gruppenprozess rasant weiter. Oft bleibt ihnen da nichts anderes übrig, als sich der allgemeinen Meinung anzuschließen und ihre eigenen wertvollen Gedanken ungehört aufzugeben. In Einzelarbeit und ohne Zeitdruck können sie sich jedoch konzentrieren, um ihre Gedanken zu sortieren und zu Papier zu bringen.

Tipps für Lehrer

Zum Umgang mit Reizüberflutung in der Schule schreibt eine Lehrerin:

> In meiner Zeit als Sonderschullehrerin an einer Förderschule für emotionale und soziale Entwicklung hatte ich in der vierten Klasse einen Schüler, den ich Max nennen möchte. Er fiel dadurch auf, dass er das Arbeiten in der Klasse oft nicht aushielt, sondern in einen Extraraum gehen musste. Max äußerte, dass er sich in diesen Momenten so fühle, als ob eine Gewitterwolke auf ihm liegen würde. Er brauchte dann den Extraraum – von uns „Sonnenraum" genannt –, um diese bedrückende Stimmung wieder abzulegen. Als wir Protokoll darüber führten, wann Max in den „Sonnenraum" gehen musste, fiel uns auf, dass es häufig nach der ersten Hofpause war. Durch seine hochsensitive Wahrnehmung nahm er in den Pausen die oft aggressiven Stimmungen und Verhaltensweisen seiner Mitschüler innerlich auf. Erst am Nachmittag konnte er zur Ruhe kommen und sich mit anderen Dingen beschäftigen, wenn er seiner Mutter alle Ereignisse genauestens erzählt hatte. Nachdem uns dieses Muster aufgefallen war, erklärte ich Max, wie sich durch seine hochsensitive Wahrnehmung in den Pausen diese „Gewitterwolke" über ihm zusammenbraute. Max hatte wie viele hochsensible Kinder eine hohe Reflexionsfähigkeit und wollte seine Lernzeiten in der Klasse unbedingt erhöhen. Deshalb verbrachte er einige Wochen lang die Pausen alleine in einem Raum. Tatsächlich war es ihm nun möglich, deutlich mehr Zeiten im Klassenverband zu verbringen. Mittlerweile hat er von der Förderschule zur Realschule und von dort zum Gymnasium gewechselt.
>
> Als Lehrer kann man die Lernsituation optimieren. Für viele hochsensitive Kinder ist die Klassensituation sehr anstrengend. Sie bekommen die Stimmungen der Lehrer und Mitschüler mit, verstehen das rücksichtslose Verhalten der

anderen oft nicht und nehmen die Geräusche in der Klasse intensiver als die Klassenkameraden wahr. Bei meiner Arbeit als Sonderpädagogin an einer Grundschule fallen mir die hochsensitiven Kinder einer Klasse oft dadurch auf, dass sie mit großen Augen und Ohren die Stimmung in der Klasse aufsaugen. Erst wenn sie alles für sich sortiert haben, können sie sich auf die Unterrichtsinhalte einlassen. Immer wieder klagen die hochsensiblen Kinder über Kopf- oder Bauchschmerzen, die Anzeichen für ihre Überforderung sind.

Aber wir können diesen Kindern helfen, ihre stressfreien Lernzeiten zu verlängern. Für manche Kinder ist es hilfreich, wenn sie weit vorne in der Klasse sitzen und dadurch nicht mehr die ganze Klasse im Blick haben. Manche Schulen bieten auch das Tragen von Ohrschützern an, wie sie von Bauarbeitern genutzt werden. Das hilft dem hochsensitiven Kind, weniger von den Geräuschen und Stimmungen in der Klasse mitzubekommen. Solche Ohrschützer können auch von den Eltern besorgt werden und, natürlich in Absprache mit den Lehrern, vom Kind im Unterricht benutzt werden. Eine weitere Hilfe ist es, einem empathischen Kind zu erklären, dass und warum es mitbekommt, wenn es anderen Kindern oder dem Lehrer nicht gut geht. Aber es darf dann auch wissen, dass die anderen Kinder und der Lehrer selbst für ihr Befinden verantwortlich sind. Die Verantwortung des Kindes ist, sich auf das Lernen zu konzentrieren.

Teilweise sind hochsensitive Kinder überfordert, wenn sie von der Lehrerin direkt angesprochen und zur Mitarbeit aufgefordert werden. Das kann sie in eine Zwickmühle bringen. Sie brauchen Zeit zum Sortieren ihrer Gedanken, denn sie wollen die Lehrerin nicht enttäuschen. Gleichzeitig spüren sie deren Ungeduld und den Druck, schnell weiterkommen zu müssen. In diesen Situationen kann es zu einem völligen Blackout kommen, den Lehrer häufig als Unaufmerksamkeit oder Nichtwissen oder gar als Verweigerung fehldeuten. Es ist hilfreich, wenn die Lehrer verstehen, dass sie ein hochsensitives Kind in einer plötzlichen Überforderungssituation erst mal innerlich zur Ruhe kommen lassen müssen. Das geschieht durch Zuspruch und eine ruhige Umgebung.

Ausgleich zu Hause

Die schulische Reizüberflutung wird unsere Kinder immer begleiten, dagegen können wir Eltern nichts ausrichten. Doch wenn wir zu Hause für Ausgleich und Entspannung sorgen und die Nachmittage nicht mit Kursen und Sport und Gruppenbesuchen überfrachten, halten sich die negativen Auswirkungen in Grenzen. Um seelisch gesund aufzuwachsen, brauchen die Kinder Zeit für freies Spiel, Zeit für eine eigene Freizeitgestaltung. Das hilft ihnen, emotional wieder ins Gleichgewicht zu kommen.

Da sich hochsensitive Kinder nicht so schnell auf die ständig wechselnden sozialen Situationen im Schulalltag einstellen können, entwickeln einige Integrationsprobleme in ihrer Klasse. In der Folge reagieren sie schüchtern, ängstlich oder überreizt. Ihre innere Anspannung kann sie mehr oder weniger blockieren und ihre schulischen und sportlichen Leistungen ebenso beeinträchtigen wie ihr Sozialverhalten. Aber auch wenn sie in ihren inneren Blockaden gefangen sind, streben sie nach Perfektion und wollen alles hundertprozentig richtig machen. Ansonsten sind sie nicht mit sich zufrieden. Mein Sohn, der jetzt das Gymnasium besucht, würde nie ohne erledigte Hausaufgaben in die Schule gehen. Das ist für ihn zuweilen ein riesiger Druck. Manchmal fordere ich ihn sehr deutlich dazu auf, die Hausaufgaben nur halb zu machen, weil es sonst zu viel für ihn wäre. (Ich kann mir vorstellen, dass Lehrer dies nicht gerne hören.) An manchen Tagen gibt es solch eine Flut an Hausaufgaben, dass ich mit ihm gemeinsam überlegen muss, was nun tatsächlich Priorität hat und was er eventuell auf einen anderen Tag verschieben kann. Oder welche Aufgaben er jetzt nicht so stark durchdenkt und etwas oberflächlicher macht. Das gilt z. B. für ein Fach wie Deutsch. Wenn er einen freien Text schreiben soll, dann schafft er es meist nicht unter zehn Seiten. Da muss ich schon mal intervenieren und sagen: „Du beschränkst dich diesmal auf das Wichtigste und klappst dann das Heft zu." Um ein gesundes Maß bei ihren Aufgaben zu finden, brauchen die hochsensiblen Kinder Anleitung und Begleitung von uns Erwachsenen, denn ihre Gewissenhaftigkeit und ihr Perfektionismus, verbunden mit der Angst, Fehler zu machen, setzen sie total unter Druck. Als Folgen beobachten wir dann oft Niedergeschlagenheit, Reizbarkeit, schlechte Laune bis hin zu depressiven Verstimmungen. Viele hochsensible Kinder möchten sich dann von dieser harten Welt abschotten und ziehen sich aus dem Leben zurück. Manche versinken gedanklich in Traumwelten oder lenken sich durch exzessives Spielen am PC ab. Beides tut ihrer seelischen Entwicklung nicht gut.

Lernen, den Alltag zu strukturieren

Wie können wir mit unseren Kindern umgehen, damit aus ihnen frohe und lebenstüchtige Schüler werden? Zuerst sollten wir Eltern unsere Maßstäbe und Ziele überprüfen. Muss unser Kind das Abitur machen? Wo ich hin will, ist eine Sache, aber wichtiger ist: Wo will und kann mein Kind eigentlich hin? Ist es das Gleiche, was ich möchte? Es ist sehr sinnvoll, mit hochsensitiven Kindern in kleinen übersichtlichen Zeiteinheiten zu arbeiten. Das macht das Leben für sie überschaubar und große Ziele werden über kleine Zwischenziele erreichbar. Nimmt man sich ein Ziel vor, das man erst in vielen Jahren erreichen kann, dann wirkt das für die meisten Kinder kaum erreichbar. Der Weg ist weit und unterwegs verlieren viele die Lust. Ganz praktisch bedeutet das, z. B. nicht nur die Versetzung ins nächste Schuljahr im Blick zu haben, sondern kleinere Etappenziele zu formulieren. Da denken wir erst mal nur bis zum nächsten Tag oder bis zur nächsten Klassenarbeit. Für meinen Sohn kann das bedeuten: Jetzt denke ich nur mal an die nächste Stunde. Was mache ich in dieser Zeit? Wie will ich sie gestalten? Ich schalte alles aus, ich gehe nicht an die Tür oder ans Telefon, ich komme erst mal ganz zur Ruhe. – Ich denke nicht weiter darüber hinaus, was danach noch alles kommt, und dass ich vielleicht die Hausaufgaben nicht alle schaffe und noch drei Telefonate machen muss oder etwas zu Ende spielen will, sondern jetzt zählt nur die nächste Stunde! Das spreche ich ihm manchmal zu. Diese konkrete Perspektive kann hochsensible Kinder recht gut innerlich zur Ruhe bringen.

Was uns dabei gut geholfen hat, ist ein bildlicher Vergleich. Hochsensible Kinder haben dazu einen guten Zugang. Mein Sohn liebt die Geschichte von Momo. In dieser Geschichte kommt Beppo Straßenkehrer vor. Beppo fegt jeden Tag eine sehr lange Straße und Momo fragt ihn irgendwann, wie er es schaffen kann, eine so lange Straße jeden Tag neu zu fegen. Beppo antwortet: „Besenstrich für Besenstrich, denk nicht an das Ende der Straße, sondern schau nur das an, was vor deinen Füßen liegt." Das ist bei uns zu Hause ein geflügeltes Wort geworden. Wenn wieder ein Berg von Hausaufgaben oder anderen Arbeiten ansteht, dann sagen wir: „Besenstrich für Besenstrich – denk an Beppo." Dieses Bild hat er verinnerlicht. Manchmal muss man auf die Suche gehen, welcher Vergleich oder welches Bild für ein Kind für bestimmte Situationen hilfreich sein kann. Auf diese Weise helfen wir Eltern unseren Kindern, nicht in Grübeleien und Entmutigung zu versinken, wie sie alles schaffen können.

Hochsensible Kinder brauchen keine Sonderbehandlung, aber sie brauchen Eltern als Verbündete, Eltern, die sie ernst nehmen und ihnen helfen, ihre Gedanken und ihr Leben zu ordnen. Bringen Sie Ihrem Kind nicht Mitleid entgegen, sondern Empathie! Das ist ein großer Unterschied.[2] Mitleid schwächt ein Kind emotional, denn es vermittelt die Botschaft: „Ach, bist du arm dran! Wahrscheinlich schaffst du das alles gar nicht!" – Vorsicht, Ihr Kind wird glauben, was Sie sagen, ob Sie es direkt oder indirekt ausdrücken! Durch Mitleid wird es jedes Selbstvertrauen verlieren. Ihr Kind lernt nur an sich selbst zu glauben, wenn Sie an Ihr Kind glauben! Empathie hingegen bietet Hilfe zur Selbsthilfe an. Hochsensible Kinder dürfen nicht ständig das Gefühl haben, eine Sonderbehandlung zu erhalten, sondern sie brauchen gut dosierte Herausforderungen. Nur auf der Grundlage von Vertrauen und Sicherheit können Kinder lernen, Herausforderungen und Enttäuschungen selbstständig und eigenverantwortlich zu bewältigen. Dabei lernen sie auch, an sich selbst zu glauben, und werden erleben, dass sie Ziele erreichen können – wenn auch auf ihre eigene Art und in ihrem eigenen Tempo. Die Empathie, das Mitgefühl und die Ermutigung der Eltern und der Lehrer spornt sie dabei an. Der Hirnforscher Gerald Hüther sagt dazu: „Überbehütete Kinder, die nie Probleme lösen müssen, kommen im Leben schwerer zurecht. Zur Strukturierung ihres Gehirnes brauchen sie Probleme und Erfahrungen, an denen sie wachsen können."[3] Besonders hochsensiblen Kindern müssen wir vermitteln, dass Probleme da sind, um gelöst zu werden, und dass es am besten schrittweise geht.

Um konkret mit Kindern an Schwierigkeiten in der Schule oder beim Lernen zu Hause zu arbeiten, sind Ruhe und Zeit die besten Voraussetzungen. Damit sind wir wieder beim Thema Reizüberflutung und Reizreduzierung, ein Thema, das Hochsensible ein Leben lang begleiten wird. Schulkindern hilft dabei eine gute Aufgaben- und Zeitstruktur. Dazu kann ich ein Heft empfehlen, das von der Deutschen Fernschule e. V. herausgegeben wird.[4] In diesem Heft finden Sie Anregungen, um Hausaufgaben und Lernzeiten zu strukturieren. Es geht u. a. um Trainingsmaterialen, bewährte Arbeitsregeln, um konkrete Handlungsanweisungen, lerntypgerechte Tipps und konkrete Strukturierungshilfen. Die Kinder absolvieren ein Detektivtraining, wodurch sie besser lernen, ihre Hausaufgaben selbstständig einzuteilen. Es hilft vielleicht nicht jedem Kind, aber es sind gute Tipps darin, auch für Lehrer. Ich selbst habe damit sehr gute Erfahrungen gemacht.

Unsere Kinder brauchen ja nicht nur Zeiten zum Lernen, sondern auch zum Üben, zum Essen, zum Verabreden, zum Spielen, zum Sport usw. Um die Übersicht nicht zu verlieren, haben wir diese vielen Aufgaben und Termine in Tages- und Wochenpläne geschrieben. Als Checklisten liegen sie kopiert in der Schublade meines Teenagers. Jeden Tag teilt er mit großzügigen Zeitrastern seine Zeiten ein. Hochsensible Kinder können nämlich sehr langsam sein. Außerdem kann er seine täglichen Auszeiten einplanen, wo er richtig entspannt, und auch Phasen, in denen er sich gar nichts vornimmt. Diese Zeiten werden jeden Tag fest eingeplant. Auf seinen Checklisten sind sie vorgegeben, er kann sie nicht streichen. Alles andere muss er drum herum einteilen. Diese Anregungen können bei der Planung der Nachmittage helfen.

Überreizung vermeiden und abbauen

Um eine Überreizung zu vermeiden, brauchen hochsensitive Kinder regelmäßige Rückzugszeiten und -möglichkeiten. Mein Sohn vollzieht dann dieses Ritual: Er lässt den Rollladen runter, schließt die Tür ab und legt sich ins Bett – auf jeden Fall im Schlafanzug. Außerdem braucht er eine Kanne Tee, ein Kirschkernsäckchen und eine „Drei-Fragezeichen"-Kassette. Wenn ich höre, dass sein Rollladen runtergeht, dann weiß ich, dass ich jetzt erst mal nicht gefragt bin und dass ich jetzt nicht stören darf, denn es ist seine Auszeit. Ich brauche ihn dazu auch nicht mehr zu drängen, sondern mit seinen fünfzehn Jahren organisiert er sich mittlerweile ganz gut selbst. Er schafft es dann auch, diese Zeit pünktlich zu beenden und sich wieder an seinen Zehn-Seiten-Aufsatz zu setzen. Mit diesem Beispiel möchte ich Ihnen Mut machen herauszufinden, wie Sie den Tagesablauf Ihres Kindes mit ihm besprechen und dann gemeinsam strukturieren und gestalten können.

Die Auszeiten und ausreichender Schlaf sind für hochsensible Kinder ganz wichtig, damit die Körperchemie wieder in die richtige Balance kommt. Da mein Sohn starke Ein- und auch Durchschlafprobleme hat, ist Schlafen bei uns immer wieder ein Thema. Da muss ich ihn immer noch begleiten und schauen, wie ich ihm Gutes tun kann.

Besonders extrovertierte hochsensitive Kinder neigen bei Überreizung und Überforderung dazu, in Wut oder Angst zu überdrehen. Dann tun sie manchmal Dinge, die für Außenstehende frech und ungezogen erscheinen. Ja, Wut gehört zum Leben dazu, auch aggressives Verhalten darf mal sein, aber es darf nie zerstörerisch oder übergriffig werden. Eigentlich drückt dieses Verhalten kindliche Hilflosigkeit aus; das sollten wir nicht vergessen. Mehr zum Umgang mit Wut erfahren Sie in dem Kapitel über Gefühle. Hochsensibilität ist eine Erklärung für innere Vorgänge und für die entsprechenden Gefühle, darf aber nie eine Entschuldigung für unangemessenes Verhalten sein! Das muss das Kind verinnerlichen, weil es sich andernfalls zu einer unangenehmen Persönlichkeit entwickeln kann.

Konflikte bewältigen
Bei einem Konflikt hilft kein lautes Schimpfen oder Schreien. Bei anderen Kindern mag das durchaus als Erziehungsmaßnahme wirken, bei hochsensiblen Kindern kann es jedoch gegenteilige Folgen haben, weil das Kind eine laute Stimme viel einschüchternder und

demütigender wahrnimmt, als wir denken. Das HSK reagiert intensiv emotional auf die Stimmung, den Zorn und die Ablehnung der schimpfenden Person und überhört dabei die eigentliche Botschaft. Viel effektiver sind ermutigende Formulierungen, die richtiges Verhalten bestätigen. Ein gelassener, ruhig sprechender Erwachsener kommt mit seiner Botschaft eher an. Wenn nötig, helfen auch ruhige Zurechtweisungen und nachvollziehbare Konsequenzen, damit die Kinder sich an Regeln halten. Gute Regeln, die wir im Umgang miteinander beherzigen sollten, sind: Wir reden respektvoll miteinander, wir treffen klare Absprachen; Regeln und Grenzen werden überlegt formuliert und gut begründet, wir achten darauf, dass nach Konflikten Versöhnung stattfindet, und wir schenken uns gegenseitig immer wieder intensive Nähe.

Psychosomatische Symptome erkennen

Bei einer Häufung von z. B. Fieber, Übelkeit, Erbrechen oder Kopfschmerzen sollten wir aufmerksam prüfen, ob diese Symptome vielleicht einen psychosomatischen Ursprung haben. Sie können Anzeichen für Überlastung durch die Schule oder Termine sein. Sobald wir merken, dass dem Kind alles zu viel wird, müssen wir einen Gang zurückschalten, Termine absagen, das Gespräch mit dem Kind suchen und genau hinhören. Nicht sinnvoll ist es, ständig zu fragen und nachzubohren: „Was ist denn los mit dir, jetzt sag doch mal, ich merke, es stimmt doch etwas nicht, du guckst so traurig." Auch das Bombardement mit diesen gut gemeinten Fragen ist für das Kind eine Reizüberflutung und führt eher zu Blockaden als zu Lösungen. Wenn ich so etwas spüre, passe ich bei meinem Sohn einen günstigen Moment ab. Dann setze ich mich einfach neben ihn und signalisiere ihm damit: Jetzt habe ich richtig Zeit, dir aufmerksam zuzuhören. Das ist viel effektiver, als genervt auf ein Kind einzureden. Oft überprüfen wir dann noch mal die Zeitpläne oder überlegen, wie wir sonst Entlastung schaffen können. Immer wieder zeige ich ihm die Dinge auf, die er schon gemeistert hat und die gut laufen. Wir sprechen dann darüber, was er schon daraus gelernt hat und was das für sein jetziges Problem bedeutet.

Abschließen möchte ich mit einem Zitat von Elaine Aron: „Die Skala der Lebensumstände, die hochsensiblen Kindern gestattet, sich zu couragierten und abenteuerlustigen Menschen zu entwickeln, mag begrenzt erschienen, weil sie jede Situation umfassender analysieren und Gefahren eher wittern. Deshalb zählt umso mehr, welche Erfahrung sie machen und wie sie aufwachsen. Die Rolle von Eltern, Erziehern und Lehrern wird dadurch doppelt wichtig und lohnenswert. Sie können dem Kind helfen, angesichts zahlreicher Ungewissheiten Mut aufzubringen, eine positive Einstellung zum Leben zu verinnerlichen und dass es sich in der Regel lohnt zu vertrauen, dass Vertrauen sich auszahlt und dass das Leben lohnenswert ist."[5]

Ermutigende Beispiele

Vielleicht fühlen sich einige Leser „erschlagen" von den vielen Gedanken und Vorschlägen der letzten Kapitel. Sie fragen sich, wie Sie das alles schaffen sollen. Aber Sie müssen das nicht alles schaffen, nehmen Sie es einfach als Gedankenanstoß. Damit Sie sehen, dass das Leben auch gelingen kann, wenn in der Kindheit nicht alles glatt läuft, lesen Sie hier zwei ermutigende Lebensgeschichten, die von hochsensiblen Seminarteilnehmern erzählt wurden.

> Anne erzählte uns: Von meiner Grundschullehrerin erhielt ich eine Empfehlung zur Hauptschule. Meine Leistungen waren damals schwach, weil ich mehr daran interessiert war, wie es meinen Mitschülern ging, die oft aus sozial schwachen Verhältnissen kamen. Wie es den Menschen geht, war für mich wichtiger als das Lernen. Ich kam auch nicht zum Lernen, weil ich ständig damit beschäftigt war, für Gerechtigkeit zu sorgen und Ungerechtigkeiten anzusprechen. Darum hatte ich auch bei den Lehrern einen schweren Stand, sie mochten das nicht. Nach der Grundschule kam ich für zwei Jahre in die Förderstufe, wo ich mich dann entwickelt habe. Weil meine Familie an mich geglaubt hat, habe ich danach zum Gymnasium gewechselt. Dort ging es mir besser, weil ich neigungsorientiert lernen konnte. Nach der Schule habe ich dann eine Ausbildung gemacht, die meinen Neigungen entsprach. Erst mit 27 Jahren habe ich angefangen zu studieren und mich im Künstlerischen,

Pädagogischen und Therapeutischen spezialisiert. Heute bin ich Kunstpädagogin und bilde an der Uni Lehrer aus. Ich habe bewusst darauf verzichtet, eine Doktorarbeit zu schreiben, weil ich weiß, dass es mich überfordert hätte. Mit dem, was ich jetzt tue, bin ich sehr zufrieden und ausgefüllt.

Thomas hat ähnliche Kindheitserfahrungen gemacht: In der Grundschule war ich ein schlechter Schüler. Ich habe immer die Kinder ganz genau beobachtet, die gerade drangenommen wurden, und mir zu ihnen viele Gedanken gemacht: Was haben sie an, mit welcher Stimme sprechen sie, wie fühlen sie sich gerade, haben sie wohl Angst, weil sie dran sind …? So war ich in Gedanken immer bei den anderen Kindern, aber nicht beim Thema. Die Gedanken über die Kinder habe ich auch zu Hause weiter bewegt.

In der Grundschule habe ich schon immer gedacht: Die sind alle schneller als ich. Ich lasse die alle laufen, aber ich hole das nach. Ich sehe viel mehr als die anderen, aber das muss ich alles erst mal einordnen. Aber ich weiß, ich hole das später wieder auf. So war es immer in meinem Leben. Ich bin später dran als die anderen, aber dafür sehr viel gründlicher. Im Unterricht habe ich auch fast nie verstanden, worum es geht. Zu Hause habe ich dann versucht, alles nachzuholen, denn dort konnte ich mich konzentrieren. Da hatte ich Ruhe und nicht die Ablenkung, den Zeitdruck. Mein Vater hat zeitweilig sogar attraktive Belohnungen ausgesetzt, um mich anzuspornen, in einer gewissen Zeit etwas zu schaffen. Aber ich habe es nie geschafft, denn ich hatte einfach mein eigenes Tempo. Später war ich dann auch ein schlechter Realschüler. Bei mir hat es erst richtig gezündet, als ich in eine technische Lehre kam, wo ich meine Interessen und Begabungen endlich entfalten konnte. Schon als Dreijähriger habe ich stunden- und tagelang hingegeben mit Lego gebaut. Technische Zusammenhänge haben mich immer fasziniert. Später habe ich studiert und wurde Ingenieur für Maschinenbau. Heute leite ich meine eigene kleine Firma. Zur eigenen Firma kam ich, weil ich in der vorigen Firma immer so viele Dinge gesehen habe, die meinen Ansprüchen nicht entsprachen.

Kapitel 5

Hort und ganztägige Betreuung an der Schule

Für viele Kinder bringt die Einschulung auch einen weiteren Neuanfang mit sich: Sie kommen in den Hort. Einige Bundesländer, wie z. B. Hamburg, haben eine ganztägige Betreuung in den Grundschulen eingerichtet und die Horte abgeschafft.

Wie aus den vorangegangenen Kapiteln ersichtlich, ist der Übergang zur Schule für hochsensitive Kinder sehr herausfordernd. Sie verlassen den relativ geschützten Raum des Kindergartens und müssen sich mit ganz neuen Anforderungen, Strukturen, Menschen und Räumlichkeiten auseinandersetzen. Kommt dazu noch ein Neubeginn im Hort, so ist das eine doppelte Herausforderung für das Kind. Hier kann es nicht in vertrauter Umgebung mit seinen Eltern als Bezugspersonen das Erlebte vom Vormittag verarbeiten und zur Ruhe kommen und hier ist es wieder vielen neuen Eindrücken und Reizen ausgesetzt. Deshalb sollten Eltern gut überlegen, ob sie gerade im ersten Schuljahr ihrem Kind diese Doppelbelastung ersparen können.

Es gibt jedoch viele Fälle, in denen beide Elternteile arbeiten und daher eine Betreuung am Nachmittag notwendig ist. Bei der Auswahl des Hortes gelten die gleichen Kriterien wie bei der Auswahl des Kindergartens:

- Wie hoch ist der Geräuschpegel?
- Gibt es für die Kinder eine Rückzugsmöglichkeit bzw. ruhige Zonen?
- Ist ein Außenspielbereich vorhanden?
- Sind die Erzieher offen für die besonderen Bedürfnisse meines hochsensitiven Kindes?
- Wie ist der Nachmittag strukturiert?

Wichtig ist, dass Eltern sich Zeit für ihr Kind nehmen, wenn es später am Tag nach Hause kommt, und dass sie für einen guten und ruhigen Ausklang des Tages sorgen, an dem das Kind zur Ruhe kommen und alles Erlebte verarbeiten kann.

Wieder etwas anders sieht es bei der ganztägigen Bildung und Betreuung an der Schule (GBS) aus. Dieses Modell, das sich mehr und mehr durchsetzt, hat die kleinen, überschaubaren Horte abgelöst. Hier sind die Kinder den ganzen Tag in der Schule und werden am Nachmittag von Erziehern oder Sozialarbeitern betreut. Leider steckt dieses Modell noch sehr in den Kinderschuhen und die Qualität der GBS-Betreuung ist vielerorts noch nicht gut. Der Vorteil der ganztägigen Betreuung an der Schule ist, dass die Kinder in ihrer vertrauten Umgebung mit ihren vertrauten Schulkameraden bleiben und nicht noch einen weiteren Wechsel erleben. Allerdings ist die Anzahl der betreuten Kinder wesentlich höher als im Hort. Das bedeutet z. B. einen enormen Stress beim Mittagessen, das in einem Raum mit bis zu hundert Kindern eingenommen werden muss, was einen hohen Lautstärkepegel und viel Unruhe mit sich bringt. Andererseits bietet ein großes Schulgelände auch viele Rückzugs- und Spielmöglichkeiten. In der GBS sind die Initiative und das Engagement der Erzieher sehr gefordert. Es sollte hier möglich sein, ein Konzept zu erstellen, das auch den Bedürfnissen von hochsensiblen Kindern entgegenkommt.

Ein positives Beispiel für Kinderbetreuung in einem sozialen Brennpunkt:

An unserer Grundschule betreuen wir jeden Nachmittag ca. 180 Kinder. Viele unserer Kinder kommen aus dysfunktionalen Familien. Daher ist uns eine gute Struktur sehr wichtig.

Jedes Kind ist Teil einer festen Kleingruppe und hat eine klar benannte Bezugsperson. Die jüngeren Kinder der Vorschulklasse und der ersten Klasse verbringen den ganzen Nachmittag in ihrer Kleingruppe, die eine Größe von ca. fünfzehn Kindern hat. Dort wird den besonderen Bedürfnissen der Kinder Rechnung getragen. Ein Teil des Nachmittags wird gemeinsam gestaltet, aber die meiste Zeit wird für freies Spiel genutzt. Die Kinder haben die Möglichkeit zum Rückzug, sowohl im Klassenzimmer, als auch draußen auf unserem weitläufigen Schulgelände. Mit einfachen Mitteln schaffen wir am Nachmittag im Klassenzimmer kleine Spielbereiche, wie einen Lego-Tisch, eine Bauecke, Mal- und Basteltisch, Rollenspielbereich usw. Auch unternehmen wir gerne Ausflüge in einen nahe gelegenen Park mit Wiesen, Kletterbäumen, Gebüsch und einem See.

Die Kinder der höheren Jahrgänge sind nur an ein bis drei Tagen der Woche im Gruppenverband. An den anderen Wochentagen haben sie ein sehr differenziertes Kursangebot zur Auswahl. Auch hier wird den unterschiedlichen Bedürfnissen der Kinder Rechnung getragen: Das Kursangebot reicht von diversen Kreativkursen über Sportangebote bis zu Koch- und Backkursen. Aber auch hier finden jeden Tag zumindest kleine Gruppenzeiten statt und die Mahlzeiten werden auch im Gruppenverband eingenommen. So hat jedes Kind regelmäßigen Kontakt zu seinem Bezugserzieher.

Obwohl die Rahmenbedingungen nicht ideal sind, fühlen sich gerade die hochsensitiven Kinder am Nachmittag bei uns sehr wohl. Viele kommen ziemlich angespannt aus dem Unterricht am Vormittag, und auch die Mittagessenssituation ist für sie noch sehr anstrengend. Aber dann erleben wir, wie sie sich im Laufe des Nachmittags beim Spielen zunehmend entspannen und innerlich zur Ruhe kommen. Es gibt sogar einige hochsensitive Kinder, die ursprünglich nur an drei Tagen der Woche angemeldet waren und auf eigenen Wunsch jetzt jeden Tag kommen. Das Spielen in der freien Natur, auf dem Schulgelände oder in einer ruhigen Ecke im Klassenzimmer ist für sie erholsamer, als in ihren häufig kleinen Wohnungen zu hocken, die sie sich mit vielen Familienmitgliedern teilen müssen. Dazu kommt, dass in diesen Elternhäusern die Dauerberieselung durch den Fernseher die Regel ist. Auch genießen diese Kinder das liebevolle Interesse der Erzieher und die klaren Strukturen, die ihnen Sicherheit geben.

Ich habe gelernt, dass es nicht die ideale Umgebung ist, die den Kindern hilft, zur Ruhe zu kommen und sich im Alltag zurechtzufinden. Es gibt Dinge, die wir nicht verändern können, z. B. das Mittagessen mit achtzig Kindern gleichzeitig in der oft lauten Mensa. Aber es ist unsere Sache, wie wir die Zeiten mit den Kindern füllen. Die Bedürfnisse der Kinder im Blick zu haben, klare Strukturen zu schaffen und die Präsenz verlässlicher Bezugspersonen ist auch unter schwierigen Gegebenheiten möglich.

Kapitel 6

Hochsensitive Teenager[1]

Wie Sie in den Beiträgen von Anne und Thomas gelesen haben, können sich hochsensitive Kinder nach der Pubertät plötzlich entwickeln und durchstarten, wenn sie die Möglichkeit haben, sich ihren Neigungen entsprechend zu betätigen. Aber wenn hochsensitive Kinder keine gute Anleitung erhalten und nicht gelernt haben, sich abzugrenzen, nehmen sie viele schmerzhafte Erfahrungen und ein schlechtes Selbstbild mit in die Pubertät. Das sind keine guten Voraussetzungen, um den Krisen der Teenagerzeit zu begegnen, wo fast alle Kinder Identitätsprobleme entwickeln und mit mangelnder Selbstannahme zu kämpfen haben.

Wir erhalten immer wieder Anrufe von hilflosen und besorgten Eltern, die sehr spät erkannt haben, dass ihr Kind hochsensitiv ist, und nun erleben, wie es in der Pubertät schlechte Entscheidungen trifft. Unglücklicherweise befinden sich diese Teenager meist in der Phase, wo sie sich von den Eltern abnabeln und jeder elterliche Rat verschmäht wird. Das Thema Hochsensibilität interessiert sie überhaupt nicht, oft schon einfach deshalb nicht, weil der Impuls von ihren Eltern kommt. Sie meinen einen sinnvollen Umgang mit ihrer Sensibilität gefunden zu haben, indem sie sie unterdrücken. Vor allem Jungen bzw. junge Männer machen sich oft innerlich hart und wollen mit dem ganzen „Gefühlskram" nichts mehr zu tun haben. Sie wollen stark sein, in der Gesellschaft mithalten, dazugehören oder auch endlich unabhängig sein von den Eltern, von denen sie sich in der Kindheit allzu oft nicht verstanden fühlten. Vielleicht wurden sie, weil sie so sensibel waren, von den Eltern verhätschelt oder die Eltern waren besonders streng, um ihr Kind „abzuhärten" und lebenstüchtig zu machen. Beides ist jedoch unangemessen und hilft nicht, die Hochsensitivität frühzeitig zu erkennen und zu akzeptieren und angemessen damit umzugehen.

In der Teenagerzeit geschieht es häufig, dass hochsensible Kinder mit ihrem angestauten Ärger nicht mehr angemessen umgehen können. In diesem Alter erleben und durchdenken sie die Beziehungen in der Familie bewusster. Seit Jahren schon leiden sie an den Schwachpunkten der Familie und haben vielleicht besondere Wut entwickelt auf einen unsensiblen, verletzenden Elternteil oder auf Geschwister, die besonders herausfordernd sind und die Last der Eltern vergrößern. Viel Streit oder eine drohende Scheidung der Eltern machen sie vollkommen fertig. Wie lange schon haben sie versucht zu retten, zu schlichten, zu helfen, aber es hat nichts gebracht, sie konnten es nicht! Überfordert und hilflos sammelten sie innerlich viel Frust und Wut an. Dementsprechend können sie schon bei Kleinigkeiten explodieren oder sie tauchen ganz ab und ziehen sich aus dem Familienleben zurück.

Zusätzlich zum Schmerz ihrer Lebensgeschichte wird ihnen nun sehr bewusst, dass die ganze große Welt voller Nöte und Ungerechtigkeit ist. Da sie nicht wissen, wie sie mit dem Schmerz umgehen, wie sie sich schützen und entlasten können, bleibt ihnen oft nur der Ausweg, den Schmerz irgendwie zu betäuben, und so geraten sie an Alkohol oder Drogen. Lebensschmerz und Beziehungsfrust kann man auch hinter besonderem Lerneifer und schulischem Ehrgeiz verbergen. Das ist für Eltern recht angenehm, aber sie sollten beobachten, ob dieser Ehrgeiz vielleicht nur eine „Tarnung" ist, um sich aus dem Leben und aus verletzenden Beziehungen heraushalten zu können. Einige Teenager gehen auch durch depressive Phasen. Sie hängen antriebslos herum und können voller Weltschmerz stundenlang Löcher in die Luft starren. Manche entwickeln sogar behandlungsbedürftige Depressionen. Die Unfähigkeit, in bestimmten Situationen angemessen mit Ärger umzugehen, kann zu psychischen Dysfunktionen führen und es können sich Ängste und Phobien entwickeln. Andere leiden unter starken Stimmungsschwankungen, werden häufiger krank oder haben körperliche Schmerzen wie Migräne, für die sich keine rechte Ursache finden lässt. Bei manchen legen sich die Lasten wie ein Druck auf die Brust.

Einige Teenager, die hochsensitive Lastenträger („HSL") sind, neigen dazu, aufgrund ihrer Unzufriedenheit und der Ausweglosigkeit alles zu kritisieren. Das wird ihr Ventil, um inneren Druck abzubauen. Für sie ist der Zustand dieser Welt einfach schrecklich und sie sehen keine Möglichkeit, ihre Lebenslast zu verringern, außer durch ständige Kritik an den vermeintlich oder tatsächlich Schuldigen. Vielleicht hoffen sie auch, dass andere auf ihre Kritik reagieren und netter und rücksichtsvoller werden. Aber da das eigentliche Problem in ihnen selbst liegt, werden sie auch unter günstigen Umständen immer etwas zum Kritisieren finden. Niemand wird es ihnen recht machen können.

Andere versuchen durch Klatsch und Tratsch ihre Lebenslast zu erleichtern. Sie laden kurzfristig ihre Last bei Freunden ab. Ein gewisses Verständnis und emotionale Entlastung finden sie in Teenagercliquen, die ähnlich denken und empfinden wie sie. Hier fühlen sie sich sicher und stark und in ihrem Schmerz verstanden. Durch den Musikstil, durch Kleidung, Frisur, Schmuck, oft durch Drogenkonsum wird signalisiert: Hier darf ich anders sein als die übrige Gesellschaft und bin trotzdem willkommen und angenommen. Ich darf so kaputt aussehen, wie ich mich fühle. Niemand hier hinterfragt mich. Viele solcher Cliquen rebellieren gegen die Ungerechtigkeit der Welt. Der Umgang mit diesen Freunden, die oft echte Gründe für ihre Rebellion haben, wird für HSL zum Ventil für die eigenen unbewältigten Gefühle. Endlich können sie ihren tiefen Zorn auf das Leben, auf die Eltern, auf die Gesellschaft, auf die Schule ausdrücken, ohne aufzufallen.

Auf ihrer Suche nach Identität können auf diese Weise auch HS-Kinder aus liebevollen Elternhäusern an falsche Freunde und an Drogen geraten. Das ist für Eltern eine sehr schmerzhafte Erfahrung. Sie sollten dann natürlich darüber nachdenken, was verkehrt gelaufen ist, und wenn möglich die Kinder für Ihr eigenes Versagen um Vergebung bitten. Aber steigern Sie sich nicht zu sehr in Selbstvorwürfe hinein! Sie sind nicht an allem schuld, es ist auch immer die Entscheidung Ihres Kindes, welchen Weg es geht. Nachdem seine schwierige Phase mit rebellischen „Freunden" überwunden war, gestand ein lieber, hochsensibler 16-Jähriger seinen Eltern: „Ich wusste die ganze Zeit, dass ihr mich lieb habt. Es war auch okay, dass ihr mich hinterfragt und Grenzen gesetzt habt. – Aber ich wollte einfach mal ausprobieren, wie es ist, wenn man böse ist." Dieses Geständnis zeigt, wozu Teenager in der Lage sind, wenn sie einen Ausweg aus dem inneren Dilemma suchen. Was sollen sie auch tun, wenn sie nicht über die innere Not reden können oder wollen und keinen Halt gefunden haben im christlichen Glauben? Wir raten Eltern in solch einer Situation: Halten Sie Herz und Haus offen für Ihre suchenden Teenager! Es ist eine Phase, sie kann kürzer oder länger dauern, sie mag auch sehr hart sein, aber sie wird vorübergehen!

Jeder weiß: Ablehnung tut weh. Hochsensible Kinder und Teenager können durch ihren Wunsch nach echten Freunden in ein persönliches Dilemma geraten, vor allem, wenn sie extrovertierte Anteile haben und sehr beziehungsorientiert sind. Sie wollen immer mit den anderen mithalten. Dazu müssen sie jedoch ihre hohe Sensibilität verleugnen, sich stark und hart machen und ihre Kräfte überziehen. Frieden mit den anderen bedeutet Krieg gegen sich selbst. Hören sie jedoch auf ihre sensible innere Stimme und halten sich zurück, dann haben sie zwar Frieden im Herzen, aber gleichzeitig das Gefühl, etwas im Leben zu verpassen, denn wo die anderen sind, „da tobt das Leben". Viele extrovertierte Hochsensible schaffen es nicht, diesen inneren Widerspruch aufzulösen. Was sie auch machen, sie haben das Gefühl, es verkehrt zu machen. Das fördert wiederum ihr schlechtes Selbstbild und ihre Minderwertigkeitsgefühle. Selbst ein gutes, liebevolles Elternhaus kann dies kaum verhindern, denn Annahme oder Ablehnung unter Freunden oder Gleichaltrigen zu erleben ist ab einem bestimmten Alter wichtiger und entscheidender für die Persönlichkeitsentwicklung als die Annahme oder Ablehnung durch Eltern. So entscheiden sich nicht wenige HSP dazu, mit den anderen mitzuhalten. Dabei überziehen sie jedoch ihre emotionalen Grenzen und werden ständig überstimuliert.

Solch ein intensives Lebensprogramm rächt sich nach einigen Jahren. Wiederholt haben wir gehört, dass schon junge erwachsene HSP ausgebrannt und für Monate arbeitsunfähig sind. Sie müssen lernen, ihre persönlichen Grenzen zu erkennen, und herausfinden, was sie leisten können und was nicht. Das fällt vielen sehr schwer.

Was können Eltern nun in dieser Zeit machen? In der Regel nicht viel. Sie brauchen Geduld und nochmals Geduld. Seien Sie sehr vorsichtig mit Ratschlägen, bedrängen Sie Ihr Kind nicht! Sie können ein Buch über Hochsensibilität hinlegen (es sollte nicht zu dick sein) oder auf Internetlinks verweisen, wo Ihr Teenager hilfreiche Informationen finden kann. Geht Ihr Kind nicht darauf ein, dann akzeptieren Sie das. Wenn jedoch Gefahr droht, dass Ihr Kind Schaden nimmt, sollten Sie sich bei einer Erziehungsberatungsstelle fachliche Hilfe holen.

Es gibt eine gute Perspektive: Manche hochsensitiven Kinder brauchen etwas länger, um ihre Krisen zu überwinden und im Leben Fuß zu fassen. Wenn HSK als Teenager Schulprobleme haben, dann geben Sie nicht auf. Erlauben Sie Ihrem Kind, in seinem eigenen Zeitplan zu reifen. Die Geschichten von Anne und Thomas sind dafür ein gutes Beispiel. Der erwähnte schwierige 16-jährige Teenager mit den rebellischen Freunden ist heute ein sehr ordentlicher, fleißiger Mann mit einem guten Universitätsabschluss. Für sein Diplom hat er zwar auch seine eigene Zeit benötigt, aber schließlich ist es gelungen. Er arbeitet gerne mit jungen Menschen, die ein freiwilliges ökologisches Jahr leisten. Sie schätzen ihn als Anleiter sehr, weil er ihre Nöte versteht und sie gut beraten kann.

Darum erlauben Sie Ihrem Kind und Ihrem Teenager den eigenen Zeitplan. Eltern brauchen manchmal einen langen Atem. Ihr hochsensitives Kind wird sich entwickeln, vielleicht zeitverzögert, aber es wird sich entwickeln! Manche Früchte brauchen eben etwas länger, um zu reifen.

Kapitel 7

Aspekte der Hochsensibilität

Brigitte Schorr[1] beschreibt vier verbreitete Aspekte der Hochsensitivität. Diese Aspekte helfen uns zu verstehen, wie unterschiedlich sie sich zeigen kann.

Typisch für alle HSP ist eine hohe *sensorische Sensibilität*. Die Sinnesorgane reagieren äußerst sensibel auf Impulse. Ihr Gehör, ihr Geruchssinn, ihr Geschmackssinn, ihre visuelle Wahrnehmung oder ihr Berührungsempfinden (Haut und Tastsinn) sind sehr empfindlich ausgebildet und in der Lage, bei den einströmenden Impulsen auch Nuancen zu unterscheiden. Diese hohe Sensibilität findet sich oft nur bei bestimmten Sinnesorganen, sie ist nicht bei allen Betroffenen gleich. Sie kennen das: Manche Kinder reagieren empfindlich auf kratzende Stoffe, andere auf laute Geräusche. Zur *sensorischen Hochsensitivität* gehört auch, dass bestimmte Medikamente starke Nebenwirkungen zeigen oder sogar gegenteilig wirken (Beruhigungsmittel putschen z. B. auf). Diese Fähigkeit der hoch empfindsamen Wahrnehmung, verbunden mit einem ausgeprägten Sinn für Ästhetik, kennzeichnet viele Musiker und Maler und andere in musischen und kreativen Betätigungsfeldern.

Eine große Gruppe stellen die *empathisch-hochsensitiven* Menschen. Das sind diejenigen, die stark mit anderen mitfühlen. Sie *wissen* einfach, wie es anderen geht, ohne darüber gesprochen zu haben. Vor allem spüren sie die Nöte und Lasten von Menschen auf und werden getrieben von dem starken Bedürfnis, diesen geplagten Zeitgenossen Erleichterung zu bringen. Andere haben einen Sinn für das Leiden der Schöpfung. Als Erwachsene finden wir sie darum häufig in den helfenden Berufen, z. B. als Berater, Therapeuten, Krankenpfleger, Biologen oder als Umweltschützer. Was dieser Aspekt für Kinder bedeutet, werden wir gleich etwas näher betrachten.[2]

Eine andere große Gruppe kann man als *kognitiv-hochsensitiv* bezeichnen. Es sind Menschen, die sich in technische oder konzeptionelle Aufgaben vertiefen und in ihnen verlieren können. Sie möchten ergründen, warum und wie etwas funktioniert, sie lieben es, Zusammenhänge aufzuspüren, und sie finden oft geniale Lösungen. Dabei sind sie zielgerichtet und arbeiten gerne allein, um ungestört denken und forschen zu können. Nicht wenige sind hochintelligent. Gruppenarbeit liegt ihnen jedoch nicht, es sei denn, sie haben extrovertierte Anteile. Einige sind gleichzeitig empathisch-hochsensitiv, andere haben eine nur gering ausgeprägte Empathiefähigkeit. Sie empfinden Menschengruppen oder Beziehungsansprüche eher als lästig. Diese Menschen sind in ganz anderen Berufsbildern vertreten: Wissenschaftler, Forscher, Erfinder, Tüftler …

Ein vierter Aspekt ist die *spirituelle Hochsensitivität*. Diese Menschen haben eine besondere Antenne für das Übernatürliche, für die unsichtbare Welt. Diese ist für sie ebenso eine Realität wie das Sichtbare. Sie sind mit einer guten Intuition gesegnet und erspüren Wahrheiten, die über die normale sinnliche Wahrnehmung hinausgehen. Zuweilen erstaunen sie mit einem übernatürlichen Wissen oder besonderen Träumen und außergewöhnlichen Ahnungen, die sich später bewahrheiten. Viele spirituell hochsensible Menschen suchen nach dem tieferen Lebenssinn. Die Kombination von spiritueller und kognitiver Hochsensibilität finden wir häufig bei Philosophen und Geisteswissenschaftlern. Für spirituell-hochsensible Kinder ist Gott eine Realität, auch wenn sie nicht religiös aufwachsen. Manche suchen später in der Esoterik nach göttlicher Wahrheit. Im Kontext der christlichen Gemeinde sind hier die Menschen mit prophetischer Begabung anzusiedeln.

Die meisten HSP, mit denen wir gesprochen haben, kennen mehrere oder alle der genannten Aspekte in ihrem Leben. Am wenigsten Überschneidungen scheint es bei den empathischen und kognitiv Hochsensitiven zu geben.

Vier Aspekte der Hochsensitivität
eine ausgeprägte Wahrnehmung in unterschiedlichen Bereichen

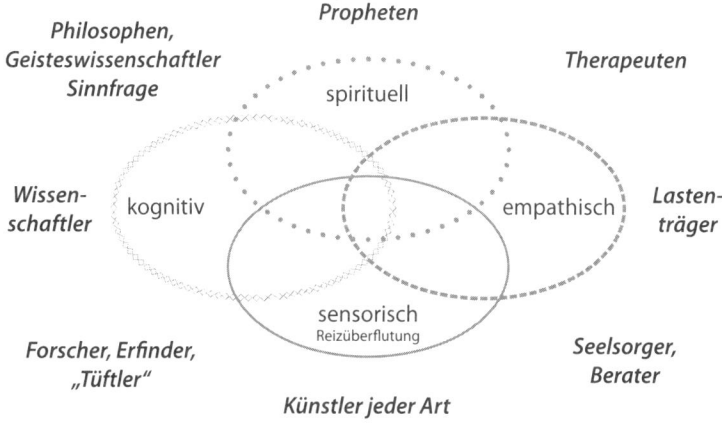

Schaubild in Anlehnung an Brigitte Schorr: *Hochsensibilität*

Wie wird ein Kind zum Lastenträger?

Es ist zu beobachten, dass empathisch-sensible Kinder oft freiwillig den Platz des Verantwortlichen für Sorgen und Nöte in ihrer Familie einnehmen. Das empathische Kind wird zum „Lastenträger". So erging es mir. Obwohl ich das vierte von fünf Mädchen war und von daher nicht unbedingt prädestiniert, Verantwortung zu nehmen wie ein ältestes Kind, habe ich immer die Lasten meiner Familie getragen und mich dafür verantwortlich gefühlt.

Hochsensitive Kinder haben von Geburt an, sogar schon im Mutterleib, eine sehr hohe Wahrnehmung für ihr Umfeld. Ihre besonderen Sensoren lassen sie die Nöte, Sorgen und Schmerzen der Mutter und dann auch die der anderen Familienmitglieder wahrnehmen. Später sind sie sehr sensibel für die Atmosphäre in Gruppen oder sie spüren, wie es anderen Menschen geht, ohne dass je darüber geredet wurde. Sie erspüren die Stimmungen der Eltern und Geschwister oder lesen sie an den feinen Nuancen der Mimik, der Gestik oder des Tonfalls ab. Das beunruhigt sie und bringt sie innerlich in Spannung. Ihr Adrenalinspiegel steigt und sie fühlen sich unwohl. Sind sie älter, kreisen die Gedanken: Sie suchen nach Begründungen und Möglichkeiten, Abhilfe zu schaffen. Es ist ihr größter Wunsch, Harmonie und Frieden herzustellen, weil sie selbst dann auch innerlich entspannen können. Wo immer diese Kinder eine Not spüren, leiden sie mit, als wäre es ihre eigene Not.

Was machen diese Kinder, um das Familienglück zu bewahren? Viele werden zum „Helfer und Retter". Sie räumen freiwillig auf, auch die Spielsachen der Geschwister, oder sie gehen der Mutter ungefragt zur Hand. Andere agieren als Friedensstifter, wenn Eltern oder Freunde streiten. In ihrem kindlichen Denken bilden sie sich ein: „Wenn ich die Verantwortung übernehme und mich richtig bemühe, dann haben wir zu Hause Frieden. Die Eltern oder Geschwister werden dann nicht mehr streiten. Mama oder Papa hat dann weniger Sorgen. Alle sind glücklich und dann wird auch mein eigenes Leben leichter und ich kann innerlich entspannen. Es lohnt sich, wenn ich mich dafür stark mache." So denken HS-Kinder, sie fühlen sich immer verantwortlich für den Familienfrieden. Weil sie so anteilnehmend sind, besteht eine große Gefahr, dass sie von Mama oder Papa zum Vertrauten und Berater erkoren werden, was das Ende ihrer Kindheit bedeutet. Einige entwickeln einen ausgeprägten Gerechtigkeitssinn und werden zum „Aufpasser" und „Richter". Sie haben den übergroßen Drang, überall für Gerechtigkeit sorgen zu müssen. Ungefragt mischen sie sich ein und schwärzen Fehlverhalten an, was ihnen bei Schulkameraden wenig Sympathie bringt.

Da sie sich ständig emotional mit den Gefühlen und Nöten anderer Personen identifizieren, entwickeln diese Kinder keine klaren Grenzen. Diese Unfähigkeit der mangelnden inneren Abgrenzung nehmen sie mit in alle Gruppen und alle persönlichen Beziehungen.

Ihre „innere Tür" steht immer offen. Auch als Erwachsene können sie nicht unterscheiden, was ihre eigenen und was fremde Gefühle sind. Ständig sind sie belastet mit den Nöten und Gefühlen anderer Menschen und sind gedanklich und emotional aufgewühlt, immer bestrebt, Lösungen zu finden.

Wenn hochsensitive Kinder in einem Elternhaus aufwachsen, wo es öfter dicke Luft gibt, wollen sie die häusliche Atmosphäre ständig entspannen. Einige machen sich dann zum „Blitzableiter" für schlechte Stimmungen. Sie nehmen Beschimpfungen oder Strafen auf sich, um den Zorn der Eltern zu besänftigen. Oder sie machen sich durch ein bestimmtes auffälliges Verhalten zum Ventil für die versteckten negativen Emotionen der Familie. Manche werden für ihr Verhalten von den anderen geneckt oder verlacht und keiner ahnt, dass sich diese Kinder nur opfern, um Frieden zu schaffen. Die Tränen dieser Kinder sind häufig die ungeweinten Tränen der „starken" oder „überlegenen" Familienmitglieder. Wenn sich auf diese Weise die Großwetterlage der Familie günstig entwickelt, können die hochsensitiven Kinder innerlich etwas entspannen. Wenigstens für einen kurzen Augenblick haben sie das Gefühl, zu einer Verbesserung der Familienatmosphäre beigetragen zu haben. Aber etliche bezahlen dafür einen hohen Preis. Sie werden zum schwarzen Schaf der Familie, zum Familienkasper oder zum Versager.

Dabei entwickeln viele hochsensitive Kinder eine weitere ungesunde Eigenschaft: Um den anderen das Leben zu erleichtern, stellen sie ihre eigenen Bedürfnisse immer wieder hintan. Das Wohlergehen der anderen ist ihnen wichtiger als ihre eigene Lebensfreude. Als Helfer und Retter sind sie natürlich bei den Erwachsenen beliebt, aber sie zahlen einen hohen Preis. Das ständige Verleugnen der eigenen Bedürfnisse führt bei vielen dazu, dass sie diese als Erwachsene überhaupt nicht kennen. Sie wissen nicht, was ihnen Freude macht, was ihnen guttut, woran sie Spaß haben, so sehr haben sie ihr Leben auf das Wohlergehen der anderen ausgerichtet.

Unbewusst verinnerlichen diese Kinder die Last der Eltern oder der Familie, ohne jemals Entlastung zu finden. Dieses Verhaltensmuster bestimmt sie in allen weiteren engen Beziehungen. Viele hochsensitive Erwachsene nehmen ihre gesammelten Lebenslasten als eine unerklärliche innere Schwere wahr. Sie leiden häufig unter Rücken- und Nackenschmerzen oder anderen bestimmten Krankheitssymptomen, für die es keinen eindeutigen ärztlichen Befund gibt. Körper und Seele streiken, sie sind überfordert.

Viele hochsensitive Kinder entscheiden sich unter den genannten Umständen sehr früh für eine bestimmte Lebensrolle. Hinter der freundlichen Rolle als Helfer, Diener, Retter steckt oft ein Lebensmotto der Selbstaufgabe. Wie diese Kinder denken und welche folgenschweren Entscheidungen sie für ihr Leben treffen können, haben uns einige erwachsene HSP mitgeteilt:

- „Ich will alle glücklich machen und niemanden enttäuschen."
- „Wenn andere ein Problem haben, bin ich schuld."
- „Ich bin verantwortlich, Probleme zu lösen und Not zu lindern. Ich bin der Retter."
- „Ich muss mir Liebe und Anerkennung verdienen."
- „Die anderen haben immer recht – was ich denke, ist nicht wichtig."
- „Ich bin immer für die Bedürfnisse anderer da, um sie glücklich zu machen."
- „Ich werde mich immer für die Schwachen einsetzen. Allen soll es gut gehen."
- „Ich muss aufpassen und es allen recht machen."
- „Dadurch wurde ich zu einem absolut angepassten Kind und ließ mich von allen als Sklave missbrauchen, denn sich zu wehren war verboten."
- „Den anderen muss es gut gehen. Sie stehen an erster Stelle. Es heißt doch: ‚Liebe deinen Nächsten!' Der zweite Teil: ‚… wie dich selbst' war in meiner Kindheit unwichtig bzw. galt als egoistisch."
- „Immer nur lächeln und immer vergnügt, wie es drinnen aussieht, geht niemanden etwas an."
- „Ich werde keine Rücksicht nehmen auf meine eigenen Empfindungen."
- „So wie ich bin und fühle, bin ich falsch."

Die Lebenslast des Kindes spiegeln folgende Gedanken und Entscheidungen:
- „Das Leben ist zu schwer."
- Depressionen und Todesgedanken: „Ich wollte lieber im Himmel sein. Ich ging in den totalen innerlichen Rückzug."
- „Ich war der Verborgene, Unsichtbare. Ich wollte in dieser Welt nicht leben."
- „Ich habe mich abgeschottet und in meiner eigenen Welt gelebt."

Wenn Sie diese oder ähnliche Haltungen bei Ihren Kindern erkennen, dann sollten bei Ihnen alle Warnlichter angehen. Wir Eltern sollten ein gutes Auge auf unsere sensiblen Kinder haben, um ihnen Grenzen beizubringen und sie vor emotionalen Verstrickungen und entsprechenden Fehlentscheidungen zu bewahren. Das ist nicht immer leicht, aber wenn wir die kindlichen Denkmuster kennen, können wir versuchen gegenzusteuern. Im Kapitel über Gefühle finden Sie Tipps, wie Sie mit Ihrem Kind reden können.

Feine Antennen – Intuition und Empathie

Nun möchten wir auf die beiden Wahrnehmungsgaben hochsensitiver Kinder eingehen, auf die Intuition und die Empathie. Die Grundgedanken zu diesem Thema haben wir aus dem Buch von Catherine Crawford, „Ich fühle was, was du nicht fühlst"[3]. Sie sagt dazu: „Wenn Intuition und Empathie miteinander einhergehen, so hat man gewöhnlich ein instinktives Gefühl – auch Bauchgefühl genannt –, das einem Informationen über Menschen, über unsere Sicherheit und über körperliche Wahrheiten vermittelt, die entweder besagen: ‚Ja, das ist in Ordnung', oder ‚Nein, das ist absolut nicht in Ordnung'"[4]

Mit ihrer Intuition versetzen hochsensitive Kinder ihre Eltern zuweilen in Erstaunen. Diese Kinder haben so etwas wie einen sechsten Sinn. Ihre Intuition ist angeboren, sie arbeitet unbewusst und ist immer in Aktion. Diese Kinder haben oft einen sehr individuellen Zugang zum Übernatürlichen und fallen öfter auf durch ein übernatürliches Wissen um Dinge, die anderen verborgen sind. Eine gute Intuition kann für diejenigen, die damit gesegnet sind, eine Quelle der innerer Führung sein, sie macht fantasievoll und kreativ, sie beeinflusst unsere persönliche Orientierung und unseren Lebenssinn und ist ein wichtiges Instrument für richtige Entscheidungen. Intuition kann sogar Teil unseres persönlichen Sicherheitssystems sein. Catherine Crawford schreibt, dass Intuition uns besser vor gefährlichen Situationen bewahren kann als die Berechnung durch einen Computer.

Intuition wird häufig erlebt als innere Warnung vor einer Gefahr oder vor etwas, was in der Zukunft bedrohlich auf uns zukommt. Eine innere Stimme sagt vielleicht: „Nimm nicht diesen Weg." Oder: „Flieg nicht mit diesem Flugzeug." Sie wissen jedoch nicht, warum, denn die Intuition liefert keine Fakten. Darum ist es anderen Menschen kaum zu erklären. Selber weiß man es jedoch ganz klar und kann dieses Wissen auch nicht abwehren. Christen, die mit dieser Gabe beschenkt sind, hören oft sehr klar Gottes Stimme, oder sie wissen von Gott her, was dran ist. Bei vielen hochsensitiven Menschen äußert sich die Intuition durch bedeutungsvolle Träume. Es sind Träume, die sich von den normalen Träumen der Alltagsverarbeitung deutlich unterscheiden.

Intuition ist ein Wissen, das an unserem Denken und unserer sinnlichen Wahrnehmung vorbeigeht. Äußert sich die Intuition als Angst, sollte man lernen, diese Angst zu unterscheiden von Befürchtungen. Befürchtungen sind begründet und erklärbar, denn sie sind die Folge schlechter oder bedrohlicher Lebenserfahrungen. Negative Erlebnisse führen nicht zu intuitivem Wissen, sondern lediglich zu Bedenken und Sorgen. Wenn Sie sich Sorgen machen um einen Freund oder eine Freundin, ist das wahrscheinlich keine Intuition, sondern eine empathische Wahrnehmung, die häufig angstgesteuert ist. Befürchtungen sind erklärbar, echtes intuitives Wissen dagegen nicht.

Catherine Crawford erzählt dazu diese Begebenheit: Eine Dreijährige fährt mit der Mama im Auto. Plötzlich sagt sie: „Mama, pass auf die Hühner auf", aber weit und breit ist kein Huhn zu sehen. – Wie würden Sie reagieren? Abweisend? „Erzähl keine Fantasiegeschichten, hier sind keine Hühner!" Hinter der nächsten Kurve jedoch laufen plötzlich Hühner über die Straße. Harmlose Beispiele sind, dass ein hochsensibles Kind oft weiß, wer anruft, wenn das Telefon klingelt. Oder es geht durch die Stadt und weiß, dass ein bestimmter Laden in zwei Monaten bankrott sein wird. Ich kenne diese Intuition auch. Sie zeigt sich als eine innere Gewissheit, die ich auch körperlich spüre. Bei anstehenden Gesprächen wusste ich schon oft im Voraus, worum es gehen würde, und konnte mich entsprechend vorbereiten. Oder ich wusste bei schweren Krankheitsbefunden von nahen Verwandten und Freunden, dass diese Personen sterben würden. Für mich war das Gottes Reden, um mich und meine Kinder darauf vorbereiten zu können. Wenn Sie betroffen sind oder ein hochgradig intuitives Kind haben, kennen Sie sicherlich selber genügend Beispiele.

Bei Kindern kann man die Gabe der Intuition zuweilen auch daran erkennen, dass sie die Intuition sogar körperlich spüren. Es kann verbunden sein mit einer abrupten Verhaltensänderung, wenn sie Gefahr wahrnehmen. Vielleicht hören sie plötzlich auf zu spielen oder halten bei dem, was sie gerade tun, inne. Sie werden dann überachtsam und spüren eine ganz starke Dringlichkeit. Das kann aber auch geschehen, wenn sie aufgrund ihrer Empathie plötzlich eine Veränderung in der Atmosphäre wahrnehmen, wenn z. B. Vater oder Mutter mit einer großen inneren Anspannung nach Hause kommt oder wenn sie spüren, dass die Eltern im Nachbarzimmer streiten oder ein herausforderndes Problem besprechen.

Anders als die Intuition versetzt Empathie in die Lage, in die Haut eines anderen zu schlüpfen und im Inneren zu erspüren, was diese Person gerade empfindet. Emphatische Kinder ziehen ihr Wissen aus ihren alltäglichen Beobachtungen. Sie nehmen die Stimmungen der Menschen in ihrem Umfeld auf, die Wut und den Ärger, die Spannungen, die Depressionen, die Überforderung, den Schmerz und die Krankheit. Sie spüren auch Probleme, die in der Luft liegen, die aber niemand anspricht. Eigentlich kann man ihnen nichts vormachen. Ihre Empathie äußert sich dann in Verständnis und Mitgefühl. Ein solches Kind fragt z. B., um sich zu vergewissern: „Mama, du siehst so traurig aus. Ist was?" Was antworten wir dann? – Vielleicht ist es der Mutter peinlich oder sie will ihr Kind schützen, und so leugnet sie: „Nein, Kind, es ist nichts, ich bin ganz okay!" Was macht ein empathisches

Kind mit dieser Antwort, wenn seine scharfe Beobachtung und seine Empathie ihm etwas ganz anderes sagen? Es ist zutiefst verunsichert und wird seine Wahrnehmung und auch sich selbst hinterfragen. Kinder, die wiederholt solche doppelten Botschaften erhalten, werden nicht nur misstrauisch sich selbst gegenüber, sondern auch gegenüber anderen Menschen. Später werden sie wahrscheinlich immer prüfen, ob es echt ist, was andere äußern, auch z. B. bei Komplimenten. Eine Bestätigung hingegen würde dem Kind helfen, sich seiner Beobachtung und damit seiner empathischen Gabe gewiss zu werden. Die Mutter sollte besser antworten: „Ja, du hast recht. Danke für dein Interesse. Aber weißt du, es ist mein Problem, ich werde damit fertig. Manchmal ist es eben so." Stattdessen ist das Kind nun verwirrt, ob es seiner Wahrnehmung trauen soll oder den Worten der Mutter.

Oft verbinden sich bei hochsensitiven Kindern empathische Wahrnehmung und Intuition. Diese Kinder empfinden das Leben insgesamt als recht anstrengend. Denn neben der Wahrnehmung über ihre fünf Sinne nehmen sie ständig weitere Informationen und Erlebnisse in ihrer Innenwelt wahr und müssen all das ständig ordnen. Darum wirken sie manchmal abwesend und es kostet sie natürlich auch Kraft. Diese Kinder scheinen mit riesigen Antennen verschiedene Botschaften auf bestimmten Kanälen zu empfangen. Catherine Crawford spricht von einem Familien-, einem Klassen-, einem Freundes- oder Weltkanal oder auch einem besonderen Kanal für Gott.[5]

Was wird auf dem *Familienkanal* empfangen? Die unausgesprochenen Gefühle der Familienmitglieder, die Konflikte, die Sorgen oder die Kopfschmerzen und der Stress der Mutter oder des Vaters. Viele hochsensitive Menschen berichten, dass sie als Kinder zu Hause eigentlich unverstanden waren, obwohl sie nur die Gefühle der Eltern widergespiegelt haben. Ich komme aus einem problematischen Familiensystem und hatte darum einen ausgeprägten Familienkanal entwickelt. Oft war ich in der Schule nur äußerlich anwesend, denn innerlich war ich damit beschäftigt, die Eindrücke von zu Hause zu ordnen und nach Lösungen zu suchen. Es liegt auf der Hand, dass man unter diesen Umständen nicht oder nur schwer in der Schule aufpassen und lernen kann.

In Familien geschieht es auch oft, dass Eltern oder Großeltern Geschichten von früher erzählen. Oft sind es Geschichten, die schlecht ausgingen und beängstigend sind. Nicht-hochsensible Kinder finden diese Geschichten eher spannend, denn sie sind ja Vergangenheit. Aber was macht ein hochsensitives Kind mit diesen Informationen? Es nimmt die emotionalen Botschaften der Geschichten tief in sich auf, es bewegt sie und wenn es keine Entlastung findet, wird es ängstlich und unsicher.

Dann gibt es den *Klassenkanal*. Da können unsere hochsensitiven Kinder blockiert werden, wenn sie die Spannungen und Probleme der Schüler und Lehrer aufnehmen. Es muss dabei gar nicht um sie selbst gehen. Vor allem Ungerechtigkeiten können sie nicht ausstehen. Sie spüren, wie es den Klassenkameraden geht, und es kann ihnen selbst körperlich wehtun, wenn ein Mitschüler unfair behandelt, abgelehnt und gehänselt wird. Denken Sie an die Beiträge von Anne und Thomas. Viele Kinder machen ähnliche Erfahrungen, wie diese Schulerfahrung von Andrea zeigt: „In meiner Klasse war ein Junge, der sehr schlecht lesen konnte. Er stotterte dabei. Weil er ausgelacht wurde, habe ich so sehr um ihn gelitten, dass ich körperliche Schmerzen hatte. Ich fühlte mich dann richtig krank und es hat immer eine Weile gedauert, bis ich mich innerlich wieder gefangen hatte. Ich hatte selbst auch immer eine Wahnsinnsangst vor Versagen."

Schon als Kind war auch ich – Christa – immer sehr empathisch und barmherzig. Freiwillig habe ich mich neben das Mädchen gesetzt, das aus einem sozial schwachen Hintergrund kam und darum von allen abgelehnt war. Aber damit war auch ich ausgestoßen. Der hochsensible Sohn einer Bekannten hat in der Grundschule jeden Abend für jedes Kind in der Klasse gebetet und dann für die Engel gedankt, die nachts an seinem Bett auf ihn aufpassen. Als empathisches Kind hat er sich jedoch auch um das Wohl der Engel gesorgt und gebetet: „Und, lieber Gott, sag doch dem Engel, der vor meinem Bett steht, dass er auch mal mit dem Engel, der an der Wand steht, tauschen soll, weil es für den so eng ist zwischen meinem Bett und der Wand."

Etliche hochsensitive Kinder haben einen *Weltkanal*. Sie sind sehr empfänglich für Dinge und Zustände, die auf unserer Erde nicht in Ordnung ist. Die in den Nachrichten geschilderten Nöte und Probleme beunruhigen sie stark. Und die Weltprobleme sind so groß! Da kann sich leicht ein Gefühl von Kummer und Unausgeglichenheit einstellen, wenn sie merken, dass sie nichts tun können. Je nach Interessenlage haben sie Mitleid mit bedrohten Tierarten oder leiden um die verschwindenden Urwälder oder sorgen sich um das Klima oder die Finanzprobleme der Welt oder um die Arbeitslosen. Sie reagieren dann oft so: „Mama, Papa, was machen wir damit? Wir müssen was tun und helfen." Manche Kinder sollten besser keine Nachrichten schauen, weil sie das emotional überfordert. Dann sind sie so bewegt und erschlagen von den Nöten, dass sie danach innerlich einfach nicht zur Ruhe kommen können und schlecht schlafen. Andere nehmen die positive oder negative Atmosphäre an bestimmten Orten oder in Häusern wahr. Unsere spirituell hochsensitiven Freunde haben noch zwei Jahre nach dem Mauerfall während einer Autofahrt aufgrund der anderen Atmosphäre den Übergang zwischen den alten und neuen Bundesländern wahrgenommen.

Viele hochsensitive Kinder haben einen besonderen *Kanal zu Gott* oder zum Übernatürlichen. Auch wenn sie nicht im christlichen Umfeld aufwachsen, wissen diese Kinder einfach von Anfang an, dass es Gott gibt. Manche suchen gerne allein eine Kirche auf oder sie haben ihre Plätze, wo sie sich Gott nahe fühlen. Irgendwie sind sie mit ihm vertraut und auf der Suche, ihn mehr kennenzulernen. Einige erzählen, dass sie Engel gesehen haben. Für sie ist die unsichtbare, übernatürliche Welt genau so eine Realität wie die materielle Welt und sie stellen deren Existenz nicht in Frage.

Wird ein Kind in seiner besonderen Art nicht verstanden, sondern abgelehnt oder einfach nur sich selbst überlassen, hat das für sein Leben nachhaltige Folgen. Es bildet die eingangs erwähnten unguten Denk- und Lebensmuster aus, es entwickelt nur einen schwachen Selbstwert und wahrscheinlich wird es sogar überempfindlich werden oder sich sehr hart machen. Wie geschieht das im Alltag?

Wenn die Kinder ihre Beobachtungen und Gefühle nicht mit verständnisvollen Erwachsenen besprechen und ordnen können, ziehen sie oft ungute Schlussfolgerungen für sich selbst. Allein gelassen fühlen sie sich überfordert, sie ziehen sich zurück, stellen sich selbst in Frage und entwickeln Angst vor dieser Welt. In wenigen Fällen reagieren sie auch aggressiv. Ihr Nervensystem ist überlastet; sie leiden und wissen nicht wohin mit ihrer Not. Sind hochsensitive Kinder so überfordert, sinkt ihre Konzentrationsfähigkeit, sie werden nervös, fahrig und unruhig. Einige zeigen psychosomatische Symptome wie Essstörungen, Bauchschmerzen, Kopfschmerzen, Fieber, für die es jedoch keine medizinischen Gründe gibt. Andere entwickeln unter bestimmten Umständen eine Tickstörung als Ventil für den inneren Druck. Wieder andere betätigen ihren Not-Aus-Knopf und blockieren auf der ganzen Linie. So versuchen sie, sich Sicherheit zu verschaffen, was für Außenstehende natürlich nicht nachvollziehbar ist. Aber Eltern von HSK sollten in diesen Situationen erkennen: Aha, das sind Symptome von Überforderung. Ich muss herausfinden, woran mein Kind innerlich arbeitet, und ihm helfen, zu einer Lösung zu kommen und sich zu entlasten.

Oftmals drücken empathische Kinder einfach nur die negativen Emotionen von uns Erwachsenen aus. Sie spiegeln uns unseren Ärger, unsere Unzufriedenheit oder die Trauer, die wir selbst nicht wahrhaben wollen. Was ist oft die Folge für das Kind? Es ist den Eltern lästig und erntet darum vermehrten Druck, Ärger und Zorn von den Eltern, die sich nicht die Mühe geben, ihr Kind zu verstehen, sondern einfach ein bestimmtes Verhalten einfordern. Bitte nehmen Sie sich Zeit, nach den Ursachen zu forschen, bevor Sie das Verhalten Ihres Kindes verurteilen und korrigieren.

Wenn Eltern oder Elternteile aufgrund von Überforderung ständig unausgeglichen und gereizt sind, wird ein empathisch hochsensitives Kind seine eigenen Bedürfnisse zurückstellen, um dem belasteten Elternteil das Leben leichter zu machen. Da in manchen Familien die Überforderung der Eltern ein Dauerzustand ist, wissen viele erwachsene HSP gar nicht, wer sie selbst sind und was sie selbst können und wollen, weil sie über Jahre hinweg ihre eigenen Bedürfnisse hintan gestellt und vernachlässigt haben, um die Eltern zu entlasten. Ihre Identität besteht darin, die Probleme der anderen zu lösen, um in der Familie Frieden zu schaffen. Diese Haltung wirkt recht edel, ist aber ist für Kinder, die gerade im Prozess der Selbstfindung sind, fatal. Helfen und Retten ist ihr Lebensmotto, aber sie sind zu jung, um damit nicht überfordert zu sein. Sie verstehen nicht, dass sie die geliebten Eltern gar nicht retten können! Wird ihnen diese Grenze nicht bewusst gemacht, fühlen sie sich tief im Innern als Versager oder sie sind verzweifelt, weil sie sich so ohnmächtig vorkommen. Manche Kinder geraten in depressive Verstimmungen, wenn sie es nicht schaffen, sich von den Familienproblemen zu distanzieren. Lena kennt das, sie hat es so erlebt:

> Als Kind hatte ich immer eine besondere Anteilnahme für meine Eltern und Geschwister. Als ich zwischen 12 und 16 war, wurde ich von ihnen häufig als Beraterin oder Vertraute in ihre Probleme hineingezogen, meist, wenn es Konflikte gab. Das war sehr belastend, vor allem, wenn meine Mutter mich ins Vertrauen zog und über Dinge redete, die ich in dem Alter nicht hätte wissen sollen. Ich habe dadurch ein Stück unbeschwerte Kindheit verloren. Später fühlte ich mich innerlich noch lange an diese Menschen gebunden, bis ich das mithilfe einer persönlichen Lebensberatung aufgearbeitet habe.

Oft erhalten diese Kinder nicht nur keine Hilfe für den Umgang mit ihrer Gabe, sondern im Gegenteil, Eltern, Geschwister oder Klassenkameraden lassen abwertende Bemerkungen fallen oder machen sich lustig über dieses „eigenartige" Kind. Bei jeder Abwertung fühlen sie sich als ganze Person unverstanden und beschämt, denn diese Gabe gehört untrennbar zu ihrer Identität. Sie *verhalten* sich ja nicht hochsensibel, sie *sind* es durch und durch! Was macht nun jemand, der sich so beschämt, so verkehrt und so fehl am Platz fühlt? Manche sehen keinen Sinn mehr im Leben, was in der Teenagerzeit zu kritischen Entwicklungen führen kann. Manche versuchen aus ihrem Gedankengefängnis auszubrechen, indem sie aus ihren Familien ausbrechen und mit Alkohol oder Drogen ihren inneren Schmerz betäuben. Oder sie suchen sich alternative Freundeskreise, die ihren Weltschmerz teilen und Weltverbesserungsideen wälzen, oder schließen sich Gruppen an, die ihren Protest laut hinausschreien oder gewalttätig werden.

Haben hochsensitive Kinder einen Vorteil, wenn ihre Eltern selbst HSP sind? Werden sie dann eher verstanden? – Man könnte es meinen, aber leider ist es oft nicht der Fall. Haben die Eltern ihre eigene Hochsensitivität nicht erkannt und angenommen und ihre schmerzhafte Vergangenheit nicht aufgearbeitet, wissen sie meist nicht, wie sie ihr Kind konstruktiv begleiten und entlasten können. Oft schwanken sie zwischen „Abhärtung" und „Überbehütung". Diese Eltern sind meist selbst hilflos und ohne gute Lebensperspektive. Wie sollen sie da ihrem hochsensitiven Kind helfen können? In diesem Fall wird sich voraussichtlich die Leidensgeschichte der Eltern im Leben ihrer Kinder wiederholen.

Haben die Eltern jedoch gelernt, gut mit sich selbst umzugehen, können Sie mit diesem Erfahrungsschatz ihrem Kind helfen. Elaine Aron schreibt, dass hochsensitive Kinder aus emotional gesunden Familien innere Stärke und ein gutes Selbstbewusstsein entwickeln.

Kapitel 8

Den Umgang mit Gefühlen lernen

Dieses Thema wird nach unserem Eindruck in der Erziehungsliteratur ziemlich vernachlässigt, obwohl es für jedes Kind (und jeden Erwachsenen) sehr wichtig ist. Kinder, die einen guten Zugang zu ihren Gefühlen haben und angemessen damit umgehen können, sind emotional stabiler und ausgeglichener. Es ist bekannt, dass hochsensitive Orchideenkinder ein sehr reiches Gefühlsleben haben. Aber ohne Anleitung wissen sie nicht, wie sie ihre Gefühle angemessen ausdrücken können oder wie sie sich bei Überreizung wieder in den Griff kriegen. Alle Kinder bringen ihre Gefühle unbefangen zum Ausdruck, aber wenn sie verlacht oder abgewertet werden, gewöhnen sie sich an, ihre Gefühle zu verdrängen oder sie zu leugnen und sich hart zu machen. Es ist ein schlechtes Erbe unserer Kultur, dass viele Erwachsene im Umgang mit Gefühlen sehr verunsichert sind. Sie haben nicht gelernt, ihren Gefühlen einen angemessenen Platz zu geben. Auch wir haben erst recht spät die Bedeutung dieses Themas für unsere Familie erkannt. Erst das Buch unserer Freunde, „Total fertig oder voll gut drauf", hat uns Ende der 90er-Jahre die Augen geöffnet.[1] Wenn für Sie dieses Thema neu ist, empfehlen wir Ihnen sehr, über dieses Kapitel hinaus entsprechende Bücher dazu zu lesen oder sich anderweitig Hilfe zu suchen. Wir können hier nur einige grundlegende Gedanken dazu bringen.

Immer noch ist es in vielen Familien verpönt, Gefühle offen zu zeigen. Bestimmte Gefühle gelten als unangemessen, sie werden fälschlicherweise als schlechte Gefühle oder negative Gefühle bezeichnet. Vor allem, wenn wir eine religiöse Erziehung genossen haben, waren Zorn und Wut oft unerwünschte oder gar unerlaubte „sündige" Gefühle. Aber jedes Gefühl hat einen tieferen Sinn, und darum ist jedes Gefühl zulässig. Auch Wut darf sein! Gefühle zeigen einfach nur an, was eine Person gerade empfindet, wie es innerlich um sie steht. Dieses innere Befinden wahrzunehmen, es angemessen auszudrücken und notfalls zu regulieren ist eine wichtige Fähigkeit, die wir alle beherrschen sollten. – Überlegen Sie mal: Wie wäre es gewesen, wenn Ihre Wut erlaubt gewesen wäre? Wenn Sie als Kind mit Ihrem Frust und Ihrer Wut ernst genommen worden wären und die Eltern Sie aufgefangen und zu einem guten Umgang damit angeleitet hätten? – Sie hätten sich verstanden gefühlt und wären nicht so oft frustriert und innerlich einsam gewesen. Außerdem hätten Sie ein Empfinden für Ihre Bedürfnisse und für notwendige Grenzen entwickeln können.

Besonders für hochsensitive Kinder ist das Thema wichtig, weil sie so viele Gefühle und Eindrücke verarbeiten müssen. Von hochsensiblen Erwachsenen hören wir immer wieder, dass ihre Gefühle häufig als unpassend empfunden wurden und nicht sein durften. Neben der verbotenen Wut konnten sie auch ihre Angst und Trauer nicht zeigen, weil Mama selbst ängstlich und traurig und ihre Befindlichkeit wichtiger war als die des Kindes. Sie konnte weder mit ihren eigenen Gefühlen noch mit denen des Kindes umgehen. Andere Eltern waren fordernd und wollten ihr hochsensitives Kind „abhärten", indem sie ihm beibrachten, seine Gefühle zu leugnen. Wir kennen viele hochsensitive Erwachsene, die ihre Gefühle und ihre Bedürfnisse versteckt haben. Sie haben gelernt zu funktionieren und immer für andere und deren Wünsche da zu sein. Ein Übermaß an verdrängten oder nicht aufgearbeiteten verletzenden Erfahrungen führt zu psychosomatischen Störungen und Krankheiten. Unterdrückte Gefühle können auch ein Grund sein, dass sich bei hochsensiblen Kindern echte körperliche Schmerzen einstellen.

Wenn Eltern die Haltung haben: „Mit deinen verrückten Gedanken lass mich in Ruhe. Ich will so einen Blödsinn nicht hören" – was sollen die hochsensitiven Kinder dann tun? Wohin mit ihren Eindrücken, ihren starken Gefühlen, ihren Fragen, ihrem Schmerz? Viele fressen ihren Frust in sich hinein und werden unzugänglich. Meist ziehen sie sich dann aus dem Leben zurück und werden zu Tagträumern. Aus der harten Realität flüchten sie in Fantasiewelten, wo sie die Spielregeln bestimmen können. Wir kennen einen Mann, der als Junge tagelang auf dem Dachboden des Elternhauses Krieg spielte. Von seinem Taschengeld hat er sich ständig Soldaten und Panzer und anderes Kriegsmaterial und entsprechende Bücher gekauft und Feldzüge nachgestellt. Die Eltern hatten so ihre Ruhe, aber das Kind ist in seiner inneren Einsamkeit und Isolation versunken. Andere Kinder haben heftige Gefühlsausbrüche und denken immer, wenn etwas nicht richtig klappt, wäre alles ihre Schuld.

Um es praktisch zu machen, werden wir uns nun einige Situationen anschauen: Sie haben Besuch und unterhalten sich angeregt. Nach einiger Zeit wird Ihr Kind unruhig, es lässt sich nicht mehr ablenken oder beruhigen, es nervt Sie. Warum? Es ist noch zu jung, um sagen zu können: „Mama, mir ist das alles zu viel mit den vielen Leuten bei uns zu Hause. Die sind zu lange hier, dauernd spricht mich jemand an und will etwas von mir. Das sind zu viele neue Eindrücke für mich. Ich bin jetzt überreizt und überfordert und brauche dringend eine Pause, um wieder runterzukommen und meine Überstimulation abzubauen." Ihr Kind, innerlich aus der Balance geraten, wird es leider nicht so formulieren, sondern je nach Alter und Typ wird es schreien, die Geschwister ärgern, sich an seine Mama klammern, einen Wutanfall kriegen, blockieren, etwas anstellen oder sonst wie sein Unwohlsein deutlich machen. Wenn wir Eltern den tieferen Zusammenhang nicht verstehen, sehen wir nur den Zorn und das nach unserem Empfinden ungehörige Verhalten des Kindes. Es ist uns peinlich, wir fühlen uns überfordert und haben Angst, dass der Besuch schlecht von uns denkt. Kennen Sie diese Gedanken: „Ich fühle mich mit diesem Kind überfordert. Was habe ich nur falsch gemacht? Warum kann es sich nicht zusammenreißen und einfach mal funktionieren?" In ihrer Überforderung und Hilflosigkeit werden viele Eltern dann selbst zornig und hart und manche weisen ihr Kind laut zurecht. Nun haben wir zwei Personen, die mit ihren Gefühlen nicht angemessen umgehen und mit ihrem unausgewogenen Innenleben und unterschiedlichen Bedürfnissen aufeinanderprallen. So eine Situation kann sich hochschaukeln, und schließlich fließen Tränen.

Um mit unseren Gefühlen und denen unserer Kinder angemessen umgehen zu können, müssen wir zunächst verinnerlichen, wozu Gefühle eigentlich da sind. Gefühle sind immer ein Ausdruck unseres Herzens, ein Spiegel unserer Seele. Wie die Warnlampen oder Anzeigeinstrumente im Auto geben sie uns wichtige Informationen, wie es um das unsichtbare Innere bestellt ist. Jeder weiß: Wenn ich die Warnlichter im Auto ignoriere, kann das zu einem großen Schaden führen. Wir nehmen sie ernst und gehen der Sache auf den Grund. Ebenso sind alle Gefühle wertneutrale „Anzeigeinstrumente". Sie teilen uns etwas mit und wollen uns motivieren, in einer bestimmten Weise tätig zu werden.

Unsere Grundgefühle

Ärger oder *Zorn* zeigen an, dass etwas nicht in Ordnung ist; es gibt eine Ungerechtigkeit oder eine Überforderung. Damit einhergehend wird Adrenalin ausgeschüttet. Das gibt uns den nötigen Energieschub, um aktiv werden zu können und die Ungerechtigkeit zu beseitigen.

Aber wozu ist *Angst* wichtig? – Angst ist wie ein Beobachter, der uns sagt, dass Gefahr in Verzug ist. Bei akuter Angst liefert ein Adrenalinstoß die Energie, um fliehen oder kämpfen zu können. Aber was mache ich mit dem Energieschub, wenn ich weder weglaufen noch kämpfen kann? Sie kennen das Gefühl, es fühlt sich innerlich gar nicht gut an. Man weiß nicht, wohin mit sich selbst, und kommt auf verrückte Gedanken.

Trauer ist ein notwendiges Ventil, um einen tiefen Verlustschmerz auszudrücken und darüber zu weinen und zu klagen. Verdrängte Trauer kann seelisch krank machen.

Das Gefühl der *Freude* schätzen wir dagegen sehr. Am liebsten hätten wir unsere Kinder immer fröhlich und ausgeglichen, dann wäre unser Leben leichter. Aber so ist die Lebenswirklichkeit nun mal nicht. Die ganze Gefühlspalette gehört zu unserem Leben; kein Gefühl ist gut oder schlecht. Jedes hat seine eigene Aufgabe und Funktion. Gefühle sind wunderbare Instrumente, um zu kommunizieren, wie es uns wirklich geht. Wenn wir in gutem Kontakt stehen mit unseren Gefühlen, können wir uns selbst besser einschätzen und für unsere Bedürfnisse sorgen. Wenn ich z. B. ärgerlich bin, kann ich kurz innehalten und überlegen, was genau die Ursache ist und ob ich daran etwas ändern kann und will. Neben den genannten Grundgefühlen gibt es ein ganzes Spektrum weiterer Gefühle, die sehr differenziert beschreiben, wie es innerlich um mich steht.

Wie verhält sich das bei unseren Kindern? – Geht es kleinen Kindern nicht gut, weinen sie oder schreien einfach los oder sie klagen über Bauchschmerzen oder sie nerven, denn sie können ihre Gefühle nicht in Worte fassen. Wir Eltern müssen lernen, das Schreien oder die Schmerzen unserer Kinder zu deuten, um ihre tiefere Befindlichkeit zu verstehen. Erst dann können wir ihnen beibringen, sich anders auszudrücken als durch Schreien oder Weinen. Wie gesagt, hochsensitive Kinder (aber nicht nur die) schreien, wenn sie überreizt sind und keine Worte haben, um das auszudrücken. Oder sie weinen, weil sie etwas wahrgenommen haben, was sie nicht verarbeiten können. Unsere Aufgabe ist es, Kinder altersentsprechend zu trainieren, die Vorgänge in ihrem Innern in Worte zu fassen. Es gehört zum Erziehungsauftrag, unseren Kindern zum angemessenen Umgang mit ihrem Ärger, ihrer Trauer, ihrer Angst und ihrer Freude zu verhelfen, dass sie diesen Gefühlen trauen und sie richtig einordnen. Kinder können schon recht früh lernen: Wenn ich ängstlich bin, kann ich so und so damit umgehen; wenn ich wütend bin, dann hilft mir dies und das. Wie gesagt, diese Aufgabe ist für uns Eltern oft nicht einfach, weil wir es selbst auch nicht gelernt haben, unsere Gefühle wahrzunehmen und sie angemessen auszudrücken. Wenn Eltern emotional unberechenbar sind, wenn sie schnell herumschreien oder ständig voller Angst sind, wird ein Kind durch dieses Vorbild wohl kaum den Umgang mit seinen Gefühlen lernen.

Wir möchten Ihnen nun eine gute Strategie zeigen, wie Sie Ihr Kind in seinen manchmal überbordenden Gefühlen abholen können. Diese Strategie gilt übrigens für alle Kinder (und auch für Erwachsene), die ihren Gefühlen ausgeliefert sind.

Die ganz Kleinen (bis etwa 3 Jahre) können wir, wenn sie schreien, oft beruhigen, indem wir sie ablenken und woanders hingehen oder ihnen ein neues Spielzeug anbieten. Wenn das nicht hilft, nehmen wir sie aus der Situation heraus und suchen einen ruhigen Ort auf, denn Zuschauer sind von Nachteil. Dort können wir fragen: „Willst du hier alleine sein oder soll ich bei dir bleiben?" Der Ortswechsel und unsere Frage regen es an, nachzudenken, auch wenn es noch schreit. Je nach Wunsch bleibe ich bei dem Kind oder auch nicht. Ein kleines Kind nehme ich eigentlich immer in den Arm; gerade wenn es wütend ist, braucht es die beruhigende Nähe eines Erwachsenen. Bei einem älteren Kind frage ich jedoch zuerst: „Möchtest du, dass ich dich in den Arm nehme?", denn manche Kinder mögen das nicht. Wenn ein Kind das nicht will, sollten wir den Wunsch immer akzeptieren. Dann kann man ihm vielleicht die Hand leicht auf die Schulter legen und warten, bis es sich beruhigt hat. Ein in seinen Emotionen gefangenes Kind ist zunächst einmal nicht in der Lage, Fragen zu beantworten. Darum erkundige ich mich erst nach einer Weile: „Da muss ja etwas Schlimmes passiert sein, dass du dich so geärgert hast und jetzt so wütend bist. Magst du es mir erzählen? Was hat dich denn so wütend gemacht?" Dies hilft dem Kind nachzuspüren, wie sich sein Zorn entwickelt hat, und wir können darüber reden, ob der Zorn gerechtfertigt ist und was es nun in der Sache unternehmen kann. Als unser zweijähriger Enkel sich einmal auf die Erde warf und laut losbrüllte, habe ich mich danebengelegt und gesagt: „Puh, du kannst aber laut schreien, du bist jetzt wohl sehr ärgerlich!" Er guckte mich groß an, und schon war sein Geschrei vorbei. Nicht immer ist man so schnell erfolgreich, Kinder und Situationen sind eben verschieden.

Wie reagieren Sie, wenn Ihr Kind (ab 3, 4 Jahre) richtig wütend ist? Der erste Schritt zur Deeskalation ist immer: Akzeptieren Sie das Gefühl, das Ihnen entgegenprallt. Es darf jetzt sein, denn das Kind fühlt sich so. Akzeptieren bedeutet nicht, das Gezeter des Kindes einfach auszuhalten und zu übersehen. Die erste Maßnahme ist jedoch immer, das Kind in seinem Gefühl aufzuspüren, sich auf seine Ebene zu begeben, ihm in die Augen zu schauen und dann ganz ruhig auszusprechen, was es wahrscheinlich empfindet: „Du bist aber ärgerlich!" Oder: „Ich sehe, du bist richtig wütend!" Oder: „Du bist jetzt wohl traurig." Und dann zeige ich Verständnis: „Ich kann verstehen, dass es dir so geht. Ich war auch schon mal wütend." Oder: „An deiner Stelle wäre ich auch sauer, wenn mir mein Spielzeug kaputtgeht." Wenn ein Kind das hört, ist es ihm auf einmal gar nicht mehr so wichtig, wütend zu sein, denn es fühlt sich verstanden. Indem ich ihm seine Gefühle spiegele, lernt es außerdem, dieses Gefühl zu identifizieren und zu benennen.

Gerne erzähle ich dazu eine eindrückliche Erfahrung mit der 10-jährigen Inga, die ich eine Zeitlang betreut habe. Als Inga eines Tages von der Schule kam, schmiss sie laut schimpfend und weinend direkt hinter der Haustür ihren Schulranzen und die neue Regenjacke zu Boden. Der war gerade nicht sehr sauber, denn draußen regnete es. Einige Jahre früher wäre meine Reaktion gewesen: „Inga, spinnst du eigentlich? Was machst du denn hier, schmeißt deinen Schulranzen und die Jacke einfach in den Dreck! Heb das sofort wieder auf!" Ich hätte nur ihr ungebührliches Verhalten wahrgenommen, und welche Arbeit es macht, die schmutzigen Sachen wieder sauber zu machen. Aber ich hatte dazugelernt. So bin ich die paar Stufen zu ihr runtergegangen, habe mich neben sie hingekniet und gesagt: „Du bist jetzt aber ganz schön sauer." Inga stutzte und guckte mich verwundert an. Mit dieser Reaktion hatte sie nicht gerechnet. Sie wurde etwas ruhiger, sodass ich sie fragen konnte: „Was ist denn eigentlich passiert?" Sie schluchzte noch eine Weile, während ich ihre Hand hielt und wartete. Dann brach es aus ihr heraus: „Meine Freundin ist einfach abgehauen, schon zum dritten Mal! Wir hatten uns vor dem Schulhof verabredet, weil wir zusammen nach Hause gehen wollten. Ich habe im Regen über zwanzig Minuten auf sie gewartet, aber sie war schon weg." Als der Frust raus war, half ich ihr, ihre Gefühle und Gedanken zu benennen. Das hörte sich dann so an: „Schätzchen, das war für dich aber sehr ungerecht." „Jaahahaa!", schluchzte Inga und erneut brachen Schmerz und Ärger heraus. Nach einer Weile fragte ich: „Das war ja gemein, dich einfach so hängen zu lassen. Wie fühlst du dich denn jetzt? Bist du mehr traurig oder mehr ärgerlich?" In dem Moment konnte sie ihr Gefühl genau benennen und kam damit innerlich zur Ruhe. Inga erzählte mir dann, wie oft es vorkam, dass die Freundin ihr nicht Bescheid sagte, wenn sie von ihrer Mutter mit dem Auto abgeholt wurde. Inga fühlte sich dann unwichtig und abgelehnt. Eigentlich waren sie doch Freundinnen und Inga wartete immer ganz treu! Stehen gelassen zu werden bereitete ihr großen Kummer, sie empfand es als schlimme Ungerechtigkeit. Nachdem sie etwas gegessen und sich ganz beruhigt hatte, habe ich erneut das Gespräch gesucht: „Inga, heute Mittag warst du so wütend. Das kann ich total verstehen, deine Freundin war nicht fair. Aber schau mal, du hast in deinem Ärger deine Schultasche und deine neue Jacke ganz schmutzig gemacht. Deine Wut hat dazu geführt, dass du jetzt selbst an den Folgen leiden musst. Wer hat den Schaden? Jetzt musst du deine schmutzigen Sachen sauber machen. Bring die Jacke bitte zur Waschmaschine und wisch deinen Schulranzen ab." Kinder wollen nicht nur verstanden werden, sondern sie müssen auch lernen, die Verantwortung für ihr Handeln zu übernehmen, sonst lernen sie nicht daraus. Diesen Punkt dürfen wir nicht verpassen, aber er muss in zeitlichem Abstand zum Geschehen besprochen werden. Außerdem haben ihre Mutter und wir dann mit Inga darüber geredet, wie sie diese Sache bei ihrer Freundin ansprechen kann.

Was wäre gewesen, wenn ich ohne Empathie und Verständnis für ihren Schmerz nur über die schmutzige Jacke und die Schultasche geschimpft hätte? Sie hätte sich noch mehr abgelehnt und als echte Versagerin gefühlt! Nehmen Sie die Gefühle Ihres Kindes ernst und lernen Sie, darauf einzugehen und einen Ausweg zu finden. Nur so lernen unsere Kinder ihre Gefühle zu identifizieren und ihr Verhalten selbst zu regulieren. Für Inga war meine Reaktion sehr wichtig und wegweisend für die Zukunft.

Wut ist ein weit verbreitetes Gefühl bei Kindern, darum möchte ich dazu noch einen Aspekt ergänzen. Wenn jemand richtig wütend ist, steht ihm durch die Adrenalinausschüttung viel Energie zur Verfügung. Wo sollen die Kinder damit hin? Sollen sie um sich schlagen, Dinge zerstören, sie herausschreien? Es ist wichtig, dass wir mit unseren Kindern erarbeiten, wie sie ihre Wutenergie angemessen abreagieren können, um innerlich wieder zu entspannen. Sie müssen lernen: „Wut darf sein. Ich kann meine Wut auch körperlich abreagieren, aber ich darf dabei kein anderes Kind schlagen, ich mache kein Spielzeug kaputt, ich schlage auch nicht die Mama, sondern ich …" Tja, welche Alternativen bieten Sie Ihrem Kind an? – Papier zerreißen und Gummibärchen an die Wand werfen ist zu harmlos, das baut kaum Energie ab. Holz hacken wäre gut, oder den Garten umgraben, aber dafür sind die Kinder zu klein. Wie wäre es damit: ein Kissen oder einen Boxsack traktieren, ums Haus rennen oder das Treppenhaus rauf- und runterlaufen? Jede herausfordernde körperliche Betätigung hilft, das Adrenalin abzubauen und die innere Chemie wieder ins Lot zu bringen. Natürlich kommt es auch auf den Typ des Kindes an. Probieren Sie doch mal aus, was Ihrem Kind hilft, seine Wut zu kanalisieren, ohne etwas zu zerstören. Natürlich muss man auch lernen, mit einem traurigen oder einem sehr ängstlichen Kind umzugehen. Das zu beschreiben würde hier jedoch zu weit führen, da verweisen wir Sie auf entsprechende Fachliteratur. Uns ging es darum, Ihnen eine grundlegende Haltung und einige Ideen zum Thema „Gefühle" zu vermitteln.

> Mareike hat diese Erfahrung gemacht: „Eine wichtige Erkenntnis für mich war, die oft undefinierbaren Gefühle meines Kindes eindeutig zu benennen. Oft finden unsere Kinder nicht den passenden Begriff, für sie ist alles nur Angst. Aber es ist ein Unterschied, ob ich richtig Angst habe oder mir einfach nur Sorgen mache. Es ist ein Unterschied, ob ich eine generelle Angst vor der Schule habe oder ob ich feststelle, dass ich mir Sorgen mache, die Lehrerin könnte wieder so schlimm schimpfen. Je mehr die Kinder lernen, ihre Gefühle zu differenzieren und konkret zu benennen, umso konkreter, und meist auch kleiner, wird das wahre Ausmaß des Dilemmas. Damit ist es dann auch leichter, Bewältigungsstrategien zu entwickeln. Schulkindern kann man den Zusammenhang zwischen ihrer seelischen Last

und ihren körperlichen Reaktionen durchaus aufzeigen. So lernen sie, Situationen und sich besser einzuschätzen, und es hilft ihnen, eine angemessene Selbstregulation zu entwickeln. Dazu benötigen sie jedoch zunächst die Hilfe von uns Eltern. Ist ein Problem in Sicht, dann überlegen wir gemeinsam, welcher Schritt als Nächstes dran ist und welche Denk- und Verhaltensweisen in der konkreten Situation möglich sind. Das Kind muss durchdacht haben und vorab wissen, was es tun kann, wenn es wieder passiert. Und wenn es dann wieder passiert ist, sprechen wir darüber, ob der Plan funktioniert hat oder warum nicht, und überlegen, ob wir vielleicht eine andere Strategie brauchen. Hochsensitive Kinder haben den Vorteil, dass sie Zusammenhänge sehr gut erfassen können. Wenn sie etwas durchdenken, ist für sie so, als wenn sie es schon ausprobiert hätten."

Zum Umgang mit Gefühlen gibt es für Kinder anschauliche Hilfen, z. B. das „Gefühlsrad". Es zeigt in vier Sektoren Gesichter, die Freude, Ärger, Trauer und Angst ausdrücken. Mithilfe dieser Scheibe kann ein Kind zeigen, wie es sich fühlt. Es gibt auch gute Kinderbücher zu dem Thema. Mein fast dreijähriger Enkel ist total fasziniert von einem „Gefühle-Buch" für Kinder. Ich zeige auf ein Gesicht und nenne das zugehörige Gefühl. Er schaut das Buch immer und immer wieder an und verinnerlicht dabei, welcher Gesichtsausdruck und welches Gefühl zusammengehören. Sicherlich können Sie im Internet Hilfen und weitere Anregungen zu dem Thema finden.

Es ist erstaunlich, wie früh Kinder lernen können, ihre Gefühle zu benennen. Ich kenne eine Mutter, die das mit ihren Kleinen ab dem Kindergartenalter trainiert hat. Mit acht Jahren konnten die Kinder ihre Gefühle erstaunlich gut wahrnehmen und klar ausdrücken, wie sie sich in bestimmten Situationen fühlten. Selbst Erwachsene brauchen dieses Training, wenn ihre Gefühle früher nicht ernst genommen wurden oder wenn sie sie versteckt oder gar verdrängt haben. Wer seine eigenen Gefühle nicht kennt und einzuordnen vermag, kann es auch nicht mit einem Kind einüben. Elaine Aron sagt, jedes Kind müsse lernen, dass seine Babyzeit vorbei ist. In gewisser Weise wäre es ja schön, das Baby zu bleiben, das von seiner empathischen Mama aufgespürt wird, die ihm dann automatisch alle Schwierigkeiten aus dem Weg räumt. Nein, jedes Kind muss auch zur Selbstverantwortung erzogen werden. Je älter es wird, umso mehr muss es Verantwortung für sein Handeln übernehmen. Bis zur Pubertät sollte dies verinnerlicht sein.

Empathisch-hochsensitive Kinder und Gefühle

Wir möchten nun darauf eingehen, wie Sie mit einem empathisch-hochsensitiven Kind umgehen können, wenn es seiner Empathie zu sehr Raum gibt, und wie Sie ein Kind auffangen und begrenzen können, das eine sehr ausgeprägte Intuition hat. Manches wurde schon besprochen, aber wir finden es hilfreich, diese Thematik noch einmal gesondert zu behandeln.

Empathische Kinder haben ein starkes Gefühlsleben. Wenn nun in der Familie oder im Freundeskreis Gefühle unerwünscht sind, gewinnt das Kind den Eindruck, dass etwas mit ihm nicht stimmt, dass es „falsch" sei. Was soll es auch sonst denken? Die anderen sind ja allesamt anders und reagieren auch alle in bestimmter Weise ähnlich. Der Eindruck, als ganze Person verkehrt zu sein, ist sehr beschämend und mit tiefem innerem Schmerz verbunden. Viele hochsensitive Erwachsene haben das mehr oder weniger so erlebt. Hochsensitive Kinder haben generell Angst, beurteilt zu werden. Sie mögen meist nicht gerne vor einer Gruppe stehen und von allen angeschaut werden (außer die extrovertierten unter ihnen). In ihnen schwingt ständig die Sorge mit: „Wie werden sie mich beurteilen? Kann ich vor ihnen bestehen? Hoffentlich mache ich jetzt keinen Fehler!" Solch ein innerer Kampf führt natürlich zu einer erhöhten Fehlerquote und damit zu negativen Bewertungen und in der Folge zu Versagensängsten. Die Versagensspirale haben Sie bereits im Kapitel „Hochsensitive Kinder in der Schule" kennengelernt. Auch für mich war es ein langer Lernprozess, davon frei zu werden. Erst mit Mitte Vierzig habe ich es geschafft, entspannt vorne zu stehen und zu einer Gruppe zu sprechen. Viele Hochsensible bestätigen mir, dass es ihnen ähnlich ergangen ist.

Wie können wir unseren Kindern helfen, gut mit ihrer Empathie und Intuition umzugehen? Wir hatten beschrieben, dass die hochsensiblen Kinder oft besonders feine Sensoren oder große Antennen haben für ganz bestimmte Lebensbereiche. Sie empfangen auf unterschiedlichen Kanälen. Vor allem empathische HSK fangen ständig die Gedanken oder Gefühle von Eltern, Geschwistern, Freunden und Klassenkameraden ein. Vielleicht haben wir unserem Kind beigebracht, seine Gefühle zu benennen, aber nun müssen wir mit ihm auch daran arbeiten, zu unterscheiden, was seine eigenen Gefühle sind oder ob seine Antennen fremde Gefühle eingefangen haben. Damit Sie sich vorstellen können, was ich meine, beschreibe ich kurz ein Beispiel aus meinem Leben.

Wenn ich mit meinen Eltern und den vier Schwestern an unserem großen Esstisch saß, habe ich ständig gespürt, wie sich die anderen fühlten, ob sie entspannt waren oder voller Sorgen, ob sie innerlich angespannt waren oder ärgerlich. Da bei uns zu Hause, und besonders bei Tisch, häufig eine angespannte Atmosphäre herrschte, waren die gemeinsamen Mahlzeiten für mich oft eine Qual. Ich hatte keinen rechten Appetit und war gedanklich weit weg von den Tischgesprächen. Das ist, wie Sie bereits wissen, typisch für hochempathische Kinder. Wenn sie nicht lernen sich abzugrenzen, saugen sie ständig wie ein Schwamm die Gedanken und Gefühle anderer Menschen auf. Das Fatale dabei ist, dass alles, was sie wahrnehmen, direkt in ihr Herz rutscht. Das geschieht unbewusst, ohne durch ein „Gedankensieb" gefiltert zu werden. Erst wenn das Gefühl innerlich angekommen ist, wird es wahrgenommen. Was ist die Schlussfolgerung? Die Kinder meinen, dass sie sich selbst so fühlen (aggressiv, traurig, ärgerlich ...). Unbewusst beginnen sie nun darüber zu grübeln, warum es ihnen so schlecht geht. Ohne Übung können sie eigene und fremde Gefühle nicht unterscheiden. Über diesen Punkt sprechen wir mit vielen hochsensitiven Erwachsenen, die große Not damit haben und unbedingt lernen wollen, ihre Gefühlswelt differenziert zu sehen.

Zurück zum Esstisch in meinem Elternhaus. Eine zweite Reaktion gesellte sich dazu und erschwerte mir das Leben. Wenn ich für mich sortiert hatte, dass es nicht mein eigenes Gefühl war, sondern dass es einem Familienmitglied schlecht ging, habe ich als hochsensitiver Lastenträger überlegt, wie ich dieser Person – meist war es meine

Mutter – das Leben leichter machen könnte. Aber als zweitjüngstes Kind war ich damit überfordert, weshalb ich mich oft schlecht fühlte und als Versagerin empfand. Also dachte ich, ich müsse mich einfach mehr anstrengen, ich müsse noch lieber, noch perfekter werden … Mein kindliches Denken setzte eine fürchterliche Leistungsspirale in Gang. Da ich für mein Gedankenleben nie Hilfe erhielt, wurde das Auffangen von Stimmungen, das intensive Nachdenken darüber und die Entscheidung zum Helfen und Retten zu meiner Natur. Das machte aus mir eine angenehme, hilfsbereite Person, resultierte aber im Burnout. Erst nach vielen Jahrzehnten konnte ich aus diesem belastenden Kreislauf aussteigen. Auch das ist ein Problem, das uns bei vielen hochsensitiven Erwachsenen begegnet.

Wie können wir nun einem empathischen Kind helfen, dass es nicht zu viel Verantwortung für die Gefühle von Mama und Papa, seinen Geschwistern oder gar der ganzen Welt nimmt? Es ist die Aufgabe von uns Eltern, zu erkennen, wie es unserem Kind geht, und es anzusprechen, wenn es auf einmal traurig und schwermütig herumhängt. Wir können dann z. B. sagen: „Ich sehe, du bist irgendwie traurig, Schätzchen. Horch doch mal in dich hinein. Was macht dich so traurig?" Wenn wir unsicher sind, um welches Gefühl es sich handelt, bieten wir andere Gefühle an. Ich habe ein „Gefühle-Kartenset" gesehen, das man bei älteren Kindern einsetzen kann. Das Kind schaut sich die Karten an und zeigt auf die Karte, die seinem Gefühl entspricht. Dann darf es alles aussprechen, was es innerlich empfindet. Da können solche Sätze kommen: „Mama, ich bin so traurig, weil hier gerade alles so schwer ist. Ich habe auch gar keine Lust mehr zu spielen. Ich möchte eigentlich gar nicht mehr leben, weil man ja gar nicht mit der ganzen Traurigkeit fertig werden kann. Irgendwie ist das Leben viel zu schwer." Bei solchen Aussagen sollten uns die Ohren klingeln, vor allem, wenn sie für das Kind in seiner momentanen Situation eigentlich unpassend sind. Woher hat ein Kind plötzlich diese Empfindungen? Habe ich das vielleicht selbst gesagt, als mir kürzlich alles zu viel und zu schwer war? Habe ich meine Ängste zu sehr in die Familie hineingetragen? Oder wer sonst könnte der Urheber dieser Gedanken sein? – Um mehr Klarheit zu erhalten, können wir unser Kind fragen: „Sag mal, seit wann geht es dir so?" – „Vorhin am Tisch, Mama, da hast du das und das erzählt. Das war eine schreckliche Geschichte. Und Papa hat so schlimm auf dich reagiert und du warst dann so unfair zu dem Bruder. Ich bin darüber ganz traurig." Dann können wir bestätigen: „Ja, du bist jetzt traurig, das war gerade auch nicht schön. Aber bist du sicher, dass das alles nur dein eigenes Gefühl ist? Lass uns doch mal anschauen, wann diese Traurigkeit in dein Herz gekommen ist." Und nun kann ich vielleicht von mir erzählen und das Kind aufklären: „Guck mal, ich war vorhin wirklich traurig, das stimmt und das habe ich auch ausgedrückt. Kann es sein, mein lieber Schatz, dass du das Gefühl der großen Traurigkeit von mir aufgeschnappt hast? Hat es da angefangen? Weißt du, ich kann damit umgehen, das wird schon wieder. Ich bin ja nur etwas traurig, weil mir das und das nicht geglückt ist. Du hast es richtig wahrgenommen, aber es ist *meine* Traurigkeit, ich werde damit alleine zurechtkommen. – Überleg mal, ist es wirklich deine Verantwortung, noch weiter darüber traurig zu sein? Weißt du, du brauchst keine Gefühle von anderen Menschen auf dich zu nehmen und dich davon bestimmen zu lassen. Lass diese Traurigkeit, die mein Gefühl ist, einfach bei mir. Magst du sie mir wieder zurückgeben?" Vielleicht kann man noch ergänzen, dass ich dies und das tun werde, damit es mir bald besser geht. Das Gespräch könnte auch so verlaufen: „Du bist traurig geworden, weil wir mit deinem Bruder schimpfen mussten. Da hat er geweint. Vielleicht war es etwas heftig, aber er hat sich auch nicht richtig verhalten. Aber nun schau mal: Dein Bruder spielt schon wieder fröhlich. Für ihn war das gar nicht so schlimm. Weißt du, du brauchst seine Gefühle nicht auf dich zu nehmen und dich davon bestimmen zu lassen."

Durch solche Gespräche und Erklärungen geben wir unserem Kind Denk- und Entscheidungshilfen. Es lernt zu differenzieren: Was sind meine Gefühle und was sind deine Gefühle, was ist meine Verantwortung und was ist deine Verantwortung? Es wird auch verstehen, dass jeder lernen kann, bei sich selbst zu bleiben, ohne anderen gegenüber gleichgültig zu werden. Wenn meine Mutter mich so angeleitet hätte, wäre mein Leben um einiges leichter verlaufen.

Es gibt manchmal Situationen, wo ein Kind plötzlich aufhört zu spielen, weil Streit, Stress und Ärger in der Luft liegen. Wenn die Eltern das bemerken, können sie es so kommentieren: „Na, du spielst ja nicht mehr. Du hast wohl gemerkt, dass wir uns etwas streiten. Aber weißt du, das gehört auch zu unserem Leben. Wir ärgern uns jetzt und wir streiten, aber wir werden das auch wieder miteinander klären. Dazu brauchen wir noch etwas Zeit. Aber du, mein Schatz, du darfst spielen. Wir schaffen das auch ohne deine Hilfe." In solchen Situationen neigen hochsensible, empathische Kinder dazu, die Verantwortung für die Gefühle oder gar den Konflikt der Erwachsenen zu übernehmen, weil sie sich irgendwie schuldig fühlen. Sie meinen, es sei ihre Aufgabe, den Eltern Entlastung zu geben. Diese Haltung kann recht schnell zu einem Lebensprogramm werden, und wenn sie nie entlastet werden, schleppen sie die Lasten der Eltern ihr Leben lang mit sich herum. Bei unseren Seminaren treffen wir viele hochsensitive Teilnehmer, die innerlich immer noch an ihre Eltern gebunden sind, und die Mutter, den Vater oder deren Sorgen und Nöte tragen – und darunter leiden. Machen Sie sich bewusst, dass hochsensitive Kinder Sorgen und Nöte der Eltern registrieren und sie so leicht nicht wieder loswerden.

Ich hatte von Kindheit an Rückenschmerzen. Die gehörten zu mir, ich kann mich nicht erinnern, dass es je anders war. Weil es bei uns finanziell sehr eng war und meine Mutter so viel Arbeit hatte, habe ich mir ihre ganze Last aufgeschultert, weil ich in meinem kindlichen Denken meinte, dass es ihr dann besser ginge. Weil ich sie entlasten wollte, bin ich oft schon morgens um sechs aufgestanden, um ihr zur Hand zu gehen. Für meinen Vater litt ich mit, weil er als Flüchtling keine angemessene Arbeitsstelle gefunden hatte und in seiner Firma ausgenutzt wurde. Er hatte sich auch immer einen Sohn gewünscht, aber er war der einzige Mann in einem Haushalt mit fünf Mädchen. Einerseits habe ich ihn abgelehnt für seinen Jähzorn und seine Ungerechtigkeiten, aber auf der anderen Seite habe ich ständig mit ihm mitgelitten. Niemand in der Familie oder im Freundeskreis hat das erkannt und mich entlastet und mir meine Grenzen aufgezeigt. Ich habe dieses falsche Lebensmuster erst Jahrzehnte später durchschaut – dann endlich konnte ich diese unnötigen Lasten loslassen.

Empathische Kinder neigen dazu, unter bestimmten Umständen eine Umkehrung der Elternrolle zu leben. Das bedeutet, dass sie Verantwortung nehmen für ein schwaches Elternteil und es „beeltern". Oft lassen sie sich von diesen Gedanken leiten: „Wenn Mama jetzt lieber wäre zum Papa, dann würde er nicht mehr trinken." Oder: „Wenn Mama jetzt das und das nicht machen würde, dann gäbe es jetzt keinen Streit und wir hätten Frieden in der Familie." Oder: „Wenn Papa das jetzt nicht machen würde, dann würden wir alle glücklich sein." Also springen sie ein und sorgen für die emotionalen oder auch körperlichen Bedürfnisse der Eltern, damit diese zufriedener und ausgeglichener werden. In der Beratung machen wir solchen erwachsenen Lastenträgern oft deutlich, dass sie sich als Kind freiwillig in eine Umkehrung der Elternrolle begeben haben.

Andere Kinder wurden sogar für einen Elternteil zum emotionalen Ersatzpartner. Diese Gefahr besteht, wenn es in einer Familie Beziehungsnöte gibt und ein Elternteil allein die Last der Familie trägt. Natürlich tut es diesem Vater oder dieser Mutter gut, wenn ein Kind so anteilnehmend und hilfsbereit ist. Aber es ist ein Missbrauch des Kindes! Die Verantwortung der Eltern ist, ihre Elternrolle auszufüllen und ihr Kind Kind sein zu lassen und es auf diese Rolle zu begrenzen. Ein Kind übernimmt sich mit Problemen, die noch nicht einmal die Erwachsenen bewältigen können! Ich bitte Sie inständig: Wenn Sie merken, dass Ihr Kind immer wieder einspringt und freiwillig Aufgaben übernimmt oder sehr anteilnehmend ist und Sie ihm gerne Ihr Herz ausschütten, dann werden Sie wach und entlassen Sie Ihr Kind aus dieser Rolle! Sie legen ihm eine Last auf und rauben ihm damit die Kindheit! Denken Sie an den Beitrag von Lena im vorherigen Kapitel. Das Kind verliert seine Eigenständigkeit, es gibt sich auf und leugnet seine eigenen Bedürfnisse zugunsten des Erwachsenen. Wahrscheinlich wird es sogar etwas stolz auf seine Rolle, weil es dafür Lob und Anerkennung erhält, aber gleichzeitig fühlt es sich zutiefst überfordert und unglücklich. Tief innerlich ist es wütend auf diese Erwachsenen, die ihm die Kindheit rauben, aber es wird sich nie trauen, diese Wut wahrzunehmen oder gar zu äußern, denn dann würde es ja aus seiner Rolle des „Guten" fallen. Manche gehen als Teenager diesen Schritt;

sie brechen mit den Eltern und halten sich an bedenkliche Freundeskreise, weil sie keine andere Lösung sehen, um frei zu werden von der Verstrickung mit den Eltern und der Last der Verantwortung für sie.

Gesunde Familie bedeutet, dass die Eltern für ihre Kinder da sind, und nicht, dass die Kinder für die Eltern da sein müssen. Weisen Sie Ihrem empathischen Kind immer wieder seine Grenzen zu, wenn es zu viel Verantwortung übernimmt. Entlassen Sie es aus der Rolle des stets Pflegeleichten oder Guten. Nehmen Sie sich abends am Bett der Kinder Zeit, mit ihnen die Situationen zu klären, die am Tag nicht gut waren.

Die Wahrnehmung intuitiv-hochsensitiver Kinder prüfen

Wie gehen wir mit Kindern um, die eine sehr ausgeprägte Intuition haben oder spirituell hochsensitiv sind? Was ist, wenn sie etwas erzählen, was für uns nach Fantasiegeschichte oder Ängsten klingt, sich dann aber als wahr erweist? Als rational denkende Eltern neigen wir dazu, unserem Kind zu sagen: „Rede nicht so einen Blödsinn. Du hast ja wieder eine sehr lebhafte Fantasie." Oder: „Du hast einfach nur Angst." Aber herunterspielen, abblocken, lächerlich machen, verbieten ist grundverkehrt. Als Erstes ist auch hier wieder wichtig, die Intuition wertzuschätzen und positiv darauf zu reagieren, selbst wenn wir wissen, dass die Äußerungen der Kinder reine Fantasie sind. Nur wenn wir unsere Kinder ernst nehmen, können sie lernen, ihre Intuition einzuordnen und von ihrer Fantasie und ihren Ängsten zu unterscheiden.

Die intuitive Wahrnehmung bzw. die Aussagen der Kinder müssen geprüft werden. Führen Sie ein Buch über die Eindrücke des Kindes. So können Sie später sortieren, was zutreffend war und wo das Kind daneben lag. Es lohnt sich, besondere Träume oder Eingebungen aufzuschreiben, weil auf diese Weise auch Gott zu uns redet. Unseren älteren Kindern können wir beibringen, selber ein Heft zu führen, wo sie ihre besonderen Wahrnehmungen und Gedanken notieren. Allein das Aufschreiben dieser Gedanken bedeutet Wertschätzung. Wir können sagen: „Ach, das ist ja spannend, was du geträumt hast (oder was du denkst, was passieren wird). Lass uns das mal aufschreiben, dann können wir später nachschauen, ob und wie es eingetroffen ist."

So lernt ein hochsensitives Kind seine intuitive Wahrnehmung zu schätzen und gleichzeitig kritisch zu sehen. Manche Geschichten sind nämlich lediglich ängstliche Vorbehalte. Intuition ist eine wunderbare Gabe, aber Hochsensible müssen lernen, sie von den Vorahnungen, Gedanken, Sorgen und Ängsten zu unterscheiden, die aus schlechten Erfahrungen, beängstigenden Geschichten oder überfordernden, nicht verarbeiteten Filmen erwachsen oder die dem Wunschdenken eines Menschen oder seinen tiefen, ungestillten Sehnsüchten entspringen. – Daneben gibt es jedoch die wirkliche Intuition, durch die man tatsächlich ohne besonderen Anlass einfach etwas weiß, was sich später bestätigt. An diesen Unterscheidungen müssen wir mit unseren hochintuitiven Kindern arbeiten und sie lehren, ihre Wahrnehmungen differenziert zu beurteilen. Sie können ein Gespür dafür entwickeln, welche Gefühle und Gedanken mit den Vorahnungen verbunden sind und wie sich echte Intuition anfühlt. Auch wenn sich das nicht immer hundertprozentig unterscheiden lässt, ist es doch hilfreich, durch Erfahrung bestimmte Beurteilungskriterien zu kennen.

Die Wahrnehmung begrenzen

Damit empathisch-hochsensitive Kinder nicht ständig unter dem Eindruck leben, dass sie ihrer Wahrnehmung ausgeliefert sind, möchte ich eine Hilfe geben, wie wir mit übergroßen Antennen umgehen können. Die gute Nachricht vorweg: Man kann lernen, die bewusste Wahrnehmung zu begrenzen! Wie eingangs gesagt, entspringt die Hochsensitivität einer speziellen neurobiologischen „Hardware". Das ist die „Antenne", aber wie stark die empfangenen Signale ins Bewusstsein vordringen, hängt von unserer „Software" ab. Eine übermäßig bewusste Wahrnehmung entwickelt sich im Lauf des Lebens. Durch Erfahrungen und Gewohnheiten haben sich bestimmte Denkmuster oder Denkprogramme gebildet. Diese Programme sind jedoch veränderbar, man kann sie abmildern oder sogar zeitweilig ausschalten. Anders ausgedrückt: Wir können unsere alte „Software" updaten und den neuen Bedingungen anpassen, sodass wir nicht mehr so viel wahrnehmen. Im Folgenden geben wir Ihnen eine Anleitung für unsere Kinder, aber als hochsensitive Erwachsene können wir das ebenso handhaben.

Wenn wir mit unserem Kind darüber reden, dass es immer so viel wahrnimmt und dass das zuweilen belastend ist, können wir es so beschreiben: „Um ein Fernsehsignal zu empfangen, brauchen wir Antennen.[2] Manche Häuser haben eine Antenne auf dem Dach. Heute hat man Satellitenschüsseln, die sogar die Fernsehsignale aus dem Weltraum auffangen können. Je größer die Schüssel, desto besser ist die Empfangsqualität des Signals. So ähnlich ist das bei dir. Du hast unsichtbare Antennen, mit denen du ständig wahrnimmst, wie es anderen geht. Magst du mal aufmalen, wie das aussehen würde, wenn man deine Antennen sehen könnte? Wie sehen die aus, wie groß sind sie? Jetzt male doch mal dich und deine Antennen." Dann geben wir dem Kind Zeit zum Malen. Auch wenn das Bild nicht besonders gelingt, es wird die innere Wahrheit des Kindes zeigen. Nun schauen wir gemeinsam das Bild an und reden darüber. Wir können z. B. fragen: „Welche Aufgaben haben diese Antennen? Was sollen sie erforschen oder aufnehmen? Warum sind sie wichtig? Sind sie immer dort oder gibt es Zeiten, wo sie auch mal Pause haben? Wann sind sie besonders aktiv? Was wäre, wenn diese Antennen kleiner wären oder ganz fehlen würden?" In der Regel hat ein Kind über solch ein Bild einen guten Zugang zu seinen inneren Wahrheiten, Überzeugungen und Nöten.

Wenn wir so die Aufgabe der Antennen beschrieben haben, können wir ansprechen, dass das Kind die großen Antennen eigentlich nicht ständig braucht. Manchmal ist es lästig, immer so viel zu empfangen. Vielleicht müssen sie auch nicht immer ganz ausgefahren sein. Kleinere Antennen bedeuten weniger Empfang. Wir können fragen: „Wie würde es sein, wenn du deine Antennen ein Stück einziehst? Was denkst du, wie weit würde es dir gefallen? Mal es doch mal." Und wenn das Kind damit fertig ist: „Spür mal in dich hinein, sieh dich mal mit deinen großen Antennen. Und jetzt fahre sie etwas ein. – Wie weit möchtest du sie einziehen? – Was bedeutet das nun für dich, wenn deine Antennen kleiner sind? – Dann tu das jetzt mal, und dann schauen wir, wie sich das auswirkt." Über diese bildhafte Wahrnehmung können Kinder (und Erwachsene) lernen, ihre Wahrnehmung zu begrenzen. Allein das Malen der eingezogenen Antennen wird im Gehirn schon etwas bewirken, weil das Kind nun eine neue Realität konkret vor Augen hat. Es wird nicht mehr allen Impulsen ausgeliefert sein. Wir Eltern können nun von Zeit zu Zeit nachfragen, wie es sich mit den eingefahrenen Antennen leben lässt. „Na, wie gut ist es dir heute in der Schule gelungen, die Antennen einzufahren? – In welcher Situation hat es gut geklappt und wo weniger gut?" Lassen Sie Ihr Kind erzählen. Erfolge sollten wir bestaunen, besondere Erfolge feiern und so das Kind auf seinem Weg bestärken. Bei Misserfolgen ermutigen wir unser Kind oder lassen es noch einmal malen und besprechen, was es ändern kann. Auf diese Weise lernt ein Kind, wie es sich selbst immer wieder in seiner Wahrnehmung begrenzen kann. Als Christen können wir darüber hinaus Gott bitten, dass wir nur noch das wahrnehmen, was wir wahrnehmen sollen. In unserem Buch „Lastentragen, die verkannte Gabe" stellen wir ein Gebet vor, dass schon viele hochsensible Lastenträger als hilfreich empfunden haben.

Wichtig ist, mit den Kindern darüber im Gespräch zu bleiben. So werden wir entdecken, wo sie falsche oder überzogene Bewertungen von Situationen treffen und sich dann entsprechend verhalten. Das kann sie in ihrer Lebenshaltung festlegen und einschränken. Eine ungute Entscheidung kann zum Beispiel sein: „Wenn ich mich überfordert fühle, ist es am besten, in den Rückzug zu gehen und mir nichts Neues zuzutrauen." Kommen wir einer solchen Bewertung auf die Spur, reden wir mit dem Kind darüber, ob das wirklich sinnvoll ist, und welche anderen Möglichkeiten es gibt, sich zu schützen oder die Sache anzugehen. Ein Kind auf diese Weise zu begleiten, fördert sein Selbstwertgefühl und es erhält eine gesunde seelische Lebensgrundlage. Dafür wird es Ihnen später sehr dankbar sein.

Ich möchte den Gedanken noch etwas vertiefen. Wer es lernt, seine Antennen ein- und auszufahren, ist nicht mehr den Stimmungen von Gruppen ausgeliefert. Wir können unserem Kind beibringen: „Und wenn du in einer Gruppe bist, wo es für dich ganz schwer wird, dann denk an das Bild mit der eingezogenen Antenne. Du kannst dann auch dort deine Antenne einfahren. Du hast sogar ein Recht darauf, deine

Antenne ganz auszuschalten." Unser Kind muss wissen: Wenn ich spüre, dass ich bald überreizt bin, will und muss ich gar nichts mehr aufnehmen. Ich habe das Recht, mich dann zurückzuziehen. Ich habe das Recht, meine Antennen dann nicht auszufahren. Ich habe das Recht, eine Zeitlang nicht empathisch zu sein.

An dieser Stelle habe ich noch einen Tipp für empathisch-hochsensitive Kinder wie Erwachsene, die in größeren Gruppen oder in Gottesdiensten leiden, weil sie zu viel wahrnehmen. Oft höre ich die Klage, dass sie dort keine Menschen anschauen können, weil sie augenblicklich deren Lasten wahrnehmen. Dann ist ihr Denken so damit belegt, dass sie weder von Herzen mitsingen noch der Predigt folgen können. Ich schlage vor, dass Sie sich vor der Veranstaltung etwas Zeit für sich alleine nehmen und sich selbst zusprechen: „Ich ziehe jetzt meine Antennen ein. Mich geht es gar nichts an, wie xy fühlt, denkt oder welche Stimmung sie hat. Ich will das heute gar nicht wahrnehmen, ich schalte meinen Empfang ab." Und dann stellen Sie sich bildhaft vor, wie Ihre Antennen verschwinden. Vielleicht hilft Ihnen auch ein anderes Bild, um sich innerlich zu schützen. Um mit der alten Gewohnheit zu brechen, braucht es dann auch ein gewisses Training, dass Sie Ihre Augen nicht auf die anderen richten, sondern einfach nach vorne sehen, das Kreuz anschauen oder den Blumenschmuck oder etwas anderes, was Ihre Aufmerksamkeit von den Menschen weg auf Gott lenkt. Man kann tatsächlich lernen, seine Konzentration auf etwas Sinnvolles zu fokussieren und Störendes weitgehend auszublenden.

Ich habe mittlerweile gelernt, meine Wahrnehmung abzuschalten und an anderen Stellen bewusst einzuschalten. Wenn ich vor einer Gruppe spreche, sind nicht alle meine Antennen aktiv, sondern nur die Antenne für meinen Vortrag. Zu viele andere Impulse würden mich irritieren und ablenken. Aber in einer Beratungssituation schalte ich meine empathische Antenne auf höchste Empfindlichkeit, um meine Ratsuchenden innerlich aufzuspüren und gut durch den Beratungsprozess leiten zu können.

Fragen und Ergänzungen

▶ Frage: Sie haben einerseits gesagt, dass wir unseren Kindern nicht zu viel von unseren Ängsten erzählen sollen. Aber dann sagten Sie auch, dass die hochsensitiven Kinder unsere Gefühle und Lasten wahrnehmen, egal ob ich sie ausspreche oder nicht. Ich darf ihnen also nicht alles zumuten, aber sie spüren es trotzdem. Wie gehe ich damit um?

▶ Antwort: Das ist eine gute Frage. Ja, die Kinder nehmen wahr, wie ich mich fühle. Wenn ich dann dazu stehe und dem Kind sage: „Ja, mir geht es so, du hast recht", wird das Kind bestätigt in seiner richtigen Wahrnehmung. „Aha, ich habe Mama jetzt richtig aufgespürt, sie ist wirklich traurig. Ich hatte recht." Etwas richtig gemacht zu haben, stärkt das Wertgefühl und gibt innere Sicherheit. Aber dann sollten wir ergänzen: „Aber ich mache gleich das und das und morgen ist meine Traurigkeit wieder weg, da wird es mir wieder besser gehen." So nehme ich die Verantwortung für mein Gefühl und entlaste damit mein Kind. Es lernt, dass es Mama oder Papa gar nicht helfen muss, und es kann sich wieder entspannen.

Anders ist es, wenn Eltern unreflektiert immer wieder schwere Geschichten erzählen. Ich bin innerlich durchgedreht bei den Kriegsgeschichten meiner Oma, denn ich habe mir das immer bildlich vorgestellt. Bis heute kann ich keine Kriegsfilme, nicht einmal kleine Ausschnitte sehen. Diese Geschichten belasten mich immer noch, auch wenn ich mich nicht an Details erinnern kann. Darum sollten Sie in der Gegenwart von hochsensitiven Kindern keine überfordernden Geschichten erzählen – wobei Jungen oft etwas anders gestrickt sind als sensible Mädchen. Es gibt jedoch immer wieder mal offensichtliche Alltagsprobleme, die wir in der Familie ansprechen müssen. Unsere Kinder haben es öfter erlebt, dass es für uns finanziell oder in anderen Aspekten herausfordernd war. Wir haben das kindgerecht besprochen und miteinander dafür gebetet und dann gab es irgendwann eine Lösung. Nicht immer kommt die Lösung sofort oder wie gewünscht, aber auch das können wir dann mit den Kindern besprechen. Bedrohliches, das wir ans Licht bringen und besprechen, verliert in der Regel seinen Schrecken.

▸ Frage: Mir hat das Bild mit den Antennen gut gefallen. Aber ich weiß nicht, ob meine sechsjährige Tochter versteht, was eine Antenne ist, und ob sie das malen kann. Gibt es vielleicht noch eine andere Möglichkeit?

▸ Antwort: Man kann versuchen, ihr das technische Wissen zu vermitteln, aber wir können auch kreativ sein und Alternativen benutzen. Vielleicht machen Sie es deutlich an den Tasthaaren von Katzen oder an den Fühlern von Schnecken oder Käfern oder Heuschrecken ... Solche Tiere sind ja oft in Kinderbüchern abgebildet. Oder nehmen Sie als Bild einen Staubsaugerschlauch, in dem alles verschwindet. Ein anderes Bild sind die Lautstärkeregler bei Musikanlagen. Man kann die Regler unten lassen oder hochsetzen, je nachdem, wie man es haben möchte.

▸ Frage: Wenn die Kinder in die Pubertät kommen, verändern sie oft ihre Gewohnheiten. Wenn sie dann ihre Antennen einfahren und nicht mehr die Erwartungen der anderen erfüllen, hat das auch Auswirkungen im Freundeskreis. Eine Freundin meiner Tochter beschwerte sich: „Jetzt bist du nicht mehr so für mich da wie früher." Meine Tochter fühlte sich sehr infrage gestellt und kam in eine Krise. Gibt es dazu Tipps, wie man die Kinder stärken kann?

▸ Antwort: Ich würde sagen: „Spitze, dass du das machst", und mein Kind loben, dass es geschafft hat, sich abzugrenzen. Viele Erwachsene können das nicht. Dann würde ich vielleicht noch ergänzen: „Mensch, toll, du bist manchen Erwachsenen einen Schritt voraus. Auch wenn sich das momentan nicht gut für dich anfühlt, hast du schon etwas gelernt, was alle Menschen lernen müssen. Denn wir können nie alle Erwartungen der anderen Menschen erfüllen." Dann würde ich noch mit meiner Tochter besprechen, was gerechtfertigte und ungerechtfertigte Erwartungen in einer Freundschaft sind.

▸ Frage: Meinem Sohn (Anfang 2. Klasse) fällt es unheimlich schwer, mir zu erzählen, was er erlebt hat, wenn ich ihn frage, wie es in der Schule war. Dann antwortet er oft: „Ja, da war was Schlechtes, aber es war auch was Gutes." Dann erzählt er das Gute, aber das Schlechte erzählt er mir nicht und auch nicht meinem Mann. Ich habe das Gefühl, dass er es in sich reinfrisst und versucht, das mit sich selbst auszumachen. Wie kann ich an ihn herankommen? Ich empfinde, dass er da ganz tief in seinem Schneckenhaus steckt.

▸ Antwort: Das kann unterschiedliche Ursachen haben. Einer meiner Söhne hat auch kaum etwas erzählt. Er war nicht so kommunikativ und guckte mich immer nur verständnislos an, warum ich das denn immer wissen wollte. Mir scheint, das ist typisch für introvertierte Kinder und es ist auch ein männliches Problem. Introvertierte Kinder, besonders Jungen, können oft nicht formulieren, was sie bewegt. Sie wollen keine Fehler machen, wenn sie etwas beschreiben, denn sie möchten sich nicht blamieren. Also stecken sie das irgendwie weg. Papa macht das ja auch so, oder erzählt Papa offen von seinen Nöten? Ein Schlüssel könnte sein, dass der Vater mit seinem Sohn eine gute Beziehung pflegt. Im Grundschulalter ist ja besonders für Jungen ihr Papa der große Held. Wenn nun der Held offen davon redet, dass in seinem Leben nicht alles klappt, und wie er damit umgeht, kann das dem Jungen eine Tür öffnen, auch über sich und seine Schwächen zu reden. Oder der Vater findet Zugang, indem er den Sohn herausfordert und sagt: „Wir Männer müssen lernen, über so etwas zu reden." Aber das alles muss ohne Druck geschehen. Wenn unser schweigsamer Sohn von einer Klassenfahrt oder Freizeit nach Hause kam, konnte er erst mal nichts erzählen. Wir hatten den Eindruck, dass er sich zuerst innerlich sortieren musste, also haben wir ihn in Ruhe gelassen. Ich hab ihn dann einfach gefragt: „Was meinst du, was du deiner Mama erzählen möchtest?" Nach etwa zwei Tagen kam er dann in einem entspannten Augenblick und hat das erzählt, von dem er meinte, dass ich es hören sollte.

▸ Ergänzung: Ich würde mich fragen, ob es Situationen gab, wo wir Eltern überreagiert haben, sodass das Kind vielleicht beschlossen hat, nichts Negatives mehr zu erzählen. Wenn wir z. B. nicht richtig mit der Wut oder der Trauer des Kindes umgehen oder es ständig korrigieren, sobald es etwas falsch macht, dann kann es sein, dass es sich dieses Gefühl verbietet und auch nichts über die Situation erzählen möchte. Aber innerlich sammelt es mit der Zeit Groll und Bitterkeit. Manche

Kinder brauchen das nicht mal selbst erlebt zu haben, sondern sie haben es bei anderen beobachtet und entschieden: Ich rede über so etwas nicht, damit es mir nicht auch so ergeht.

▶ Ergänzung: Ich möchte noch etwas dazu ergänzen. Wenn ich meinem hochsensiblen Sohn die Frage gestellt habe, wie es in der Schule war, hab ich oft gespürt, dass er mit Angst zu tun hatte und keine Worte fand, das zu formulieren. Er war noch zu überwältigt von seinen Gefühlen. Da hat es ihm geholfen, wenn ich ihm eine Gefühlspalette angeboten und gefragt habe, ob es das oder das oder das Gefühl sei. So hat er einen Zugang zu seinem Inneren gefunden und erzählt. Wenn wir Eltern emotional überreagieren, dann machen unsere Kinder dicht, vor allem, wenn sie älter sind. Das war bei mir der Fall. Als mir das bewusst wurde, habe ich mich entschieden, demnächst anders zu reagieren. Das sah dann so aus: Mein Sohn kam mit einer Sechs im Vokabeltest nach Hause. Ich merkte, dass er rumdruckste, offensichtlich war ihm etwas peinlich. Schließlich fragte ich ihn:

„Ist dir gerade etwas peinlich?"

Er: „Mmh."

Ich fragte: „Okay, magst du erzählen, was peinlich war?" Mittlerweile war zwischen uns wieder so viel Vertrauen gewachsen, dass er sich vortastete, und schließlich kam die Sechs heraus.

Ich fragte ihn: „Hast du Angst gehabt, dass ich schimpfe?"

„Mmh."

Ich habe dann noch gesagt: „Hast du jetzt erlebt, dass ich schimpfe?"

„Nein."

So hat er eine neue Erfahrung mit mir gemacht und sein Vertrauen zu mir ist wieder gewachsen. Wenn wir überreagiert haben, sollten wir unseren Kindern helfen, neue emotionale Erfahrungen zu machen.

▶ Ergänzung: Bei unserem Enkel gab es eine Situation, da habe ich gespürt, dass wir den Zugang zu seinem Herzen verloren haben, weil er dicht gemacht hat. In seiner Hochsensibilität hatte er von allen Seiten

Ablehnung erlebt. Er hatte unglaubliche Angst, ständig „falsch" zu sein und wieder nicht verstanden zu werden. Wir haben viel für ihn gebetet und ich habe ihm gespiegelt, was ich beobachte, was diese Sache mit seinem Herzen macht, und ihm die Angst genommen. Das hat eine Tür geöffnet und ihn aus seinem Schneckenhaus herausgeholt. Das war vor anderthalb Jahren, jetzt ist er neun.

▶ Frage: Ich bin alleinerziehend. Es ist oft schwer, meinem anteilnehmenden Kind eine Grenze zu setzen, weil ich ja auch Bedürfnisse habe, aber keinen Partner.

▶ Antwort: Das ist wirklich eine herausfordernde Situation. Alleinerziehende und überforderte Eltern stehen ständig in der Gefahr, ihr empathisch-hochsensibles Kind als Gegenüber zu nehmen. Es tut so gut und es ist so praktisch, wenn ein Kind die Nöte der Mutter sieht und einspringt. Aber machen Sie sich immer wieder klar: Ein Kind ist ein Kind und kein Partner, da gibt es klare Grenzen! Sie können mit Ihrem älteren Kind gerne den Alltag besprechen, wie was zu regeln ist und wer sich um bestimmte Dinge kümmert. Wenn es altersangemessen ist, fördert das die Lebenstüchtigkeit. Aber hüten Sie sich davor, aus der Fähigkeit Ihres Kindes bewusst oder unbewusst persönlichen Nutzen zu ziehen oder ihm Ihre eigenen emotionalen Lasten aufzubürden. Dafür sollte es Freundinnen oder andere erwachsene Gesprächspartner geben. Wir haben zwei Alleinerziehenden in unserem Umfeld erlaubt, uns mit ihren Fragen zu behelligen und uns als Ansprechpartner zu nehmen. Aber wir haben auch klar definiert, wo da unsere Grenzen sind. Es war für die Betroffenen jedoch eine große Hilfe.

▶ Frage: Brauchen hochsensitive Kinder nur Verständnis und Gespräche und nicht auch Disziplin und Konsequenzen?

▶ Antwort: Das ist eine gute Frage. In der Tat ist es so, dass hochsensitive Kinder sehr viel lernen, indem wir Zusammenhänge erklären und sie darüber nachdenken und zu guten Entscheidungen kommen.

Bei extrovertierten und phlegmatischen Kindern klappt das jedoch nicht immer. Da müssen wir öfter nachhelfen, indem wir klare Regeln und Konsequenzen absprechen. Bei jüngeren Kindern geben wir das vor, mit den Älteren besprechen wir es gemeinsam.

Aber jedes Kind braucht auch Korrektur. Wir sollten uns nicht scheuen, es zurechtzuweisen und ihm angemessene Grenzen zu setzen. Hochsensitive Kinder wollen alles richtig machen, darum ist für sie Korrektur immer etwas sehr Unangenehmes: Bitte vermeiden Sie jede Art von Beschämung, weil es das Kind im tiefsten Sein trifft und den Glauben an sich selbst zerstört. Beschämend sind Beschimpfungen, aber auch herabsetzende Bemerkungen, Bloßstellen vor anderen, Ironie, Vergleiche, zu hohe Erwartungen, Anschweigen oder länger währender Ausschluss aus der Familiengemeinschaft. Elaine Aron schreibt dazu ausführlich in ihrem Buch *Das hochsensible Kind*.[3]

Kapitel 9

Eine gute Perspektive

Wir Eltern haben das Ziel, unsere geliebten Kinder einmal mit einem guten Selbstwertgefühl ins Leben zu entlassen. Damit dies bei den „Orchideenkindern" gelingt, haben wir dieses Buch geschrieben und Sie haben es bis hierhin gelesen. Vielleicht war es recht viel für Sie und Sie sind innerlich unter Druck geraten. Gerne möchten wir Sie zum Abschluss etwas entlasten. Sie müssen keine perfekten Eltern werden, sondern liebevolle Eltern, die ihren Kindern glaubwürdige Vorbilder sind.

Wie wir eingangs sagten, kannten wir damals alle diese wunderbaren Tipps für den Umgang mit Orchideenkindern nicht. Aber unsere Kinder sind trotzdem emotional stabil aufgewachsen, weil wir einige grundlegende Erziehungsaspekte beherzigt haben. Was uns bei der Erziehung unserer Kinder allgemein wichtig war, möchten wir Ihnen nicht vorenthalten, weil davon alle Kinder profitieren, egal wie sensibel sie sind.

Die Einzigartigkeit der Kinder fördern

Ihre besondere Fähigkeit zum Speichern von Eindrücken können wir nutzen, um die Sinne unserer hochsensitiven Kinder zu trainieren, das Schöne in der Welt und im Leben zu erkennen. Julie Leuze empfiehlt Eltern, die Wahrnehmung ihrer hochsensiblen Kinder nach Kräften zu fördern.[1] Da diese Kinder gerne beobachten, sollten Sie ihre Beobachtungsgabe schärfen. Wenn sie durch den Alltag gehen, haben Ihre hochsensiblen Kinder in der Regel Ohren und Augen weit offen. Helfen Sie ihnen zu verstehen und zu verarbeiten, was sie sehen und erleben. Zeigen Sie Ihrem Kind, was es an wunderbaren, faszinierenden Dingen gibt. Staunen Sie mit ihm gemeinsam und lassen Sie sich von der Freude des Kindes an Schönheit anstecken. Nehmen Sie diese Fähigkeit Ihres Kindes zum Anlass, selbst Neues zu entdecken und das Leben zu genießen.

Hochsensible haben die Wahl, ihre Gabe zu entwickeln oder an ihr zu leiden. Entscheiden Sie sich für Ersteres. Geben Sie den Kindern gute Anreize, experimentieren Sie gemeinsam mit dem Kind. Wenn Sie z. B. ein Haus mit Garten haben, erlauben Sie Ihrem Kind, ein Gartenbeet anzulegen. Oder lassen Sie es mit Fingerfarben malen oder mit Knete Figuren formen oder lassen Sie es in der Küche experimentieren oder mit Musikinstrumenten oder, oder ... Jede kreative Betätigung stärkt den Geist des Kindes und gibt seiner Seele Kraft. Auch wenn es zu Hause dann zuweilen etwas chaotisch aussieht, das Strahlen in den Kinderaugen ist es wert (und das gemeinsame Erlebnis des Aufräumens ebenso).

Das Selbstwertgefühl fördern

Machen Sie Ihrem Kind immer wieder echte Komplimente über seine Fähigkeiten, drücken Sie Wertschätzung aus für die Art, wie es das Leben sieht. Loben Sie es für jedes Bemühen, auch wenn das Ergebnis noch nicht perfekt ist. Als wir damit anfingen, haben wir bei unseren fünf Kindern wundersame Veränderungen erlebt und der häusliche Stresspegel sank deutlich. Vor allem hochsensitive Kinder brauchen solche Botschaften der Eltern als Rückhalt, denn oft werden sie im Alltag verunsichert und entmutigt, weil sie wieder mal spüren oder hören, dass sie anders ticken als ihre Kameraden. Sie leben sehr intensiv, sie sind oft etwas zögerlich, weil ihr Verarbeiten von Eindrücken länger dauert, und dafür ernten sie öfter Kritik oder sie sind mit sich selbst unzufrieden. Dem müssen sie innerlich etwas entgegensetzen können, sie müssen sich sagen: „Ja, ich verarbeite länger, aber ich nehme auch viel mehr wahr als ihr! Ich lebe viel intensiver. Ich habe eine ganz andere Tiefe und meine Eltern glauben an mich. Ich werde es schaffen!" Eltern sollten der größte Fan ihres Kindes sein und ihm zusprechen: „Du kannst …! Du bist …!" Vermeiden Sie dabei Schmeichelei und Übertreibungen; die Kinder spüren, was echt ist.

Aber Vorsicht! Geben Sie Ihrem Kind nicht nur Anerkennung für gute Leistungen, die es erbracht hat. Dann lernt es: „Aha, ich muss immer gute Leistungen bringen, dann kriege ich Lob und Anerkennung und dann bin ich gut und gelte etwas." Nein, Kinder sind nicht wertvoll und geliebt, weil sie eine bestimmte Leistung bringen, sondern sie sind wertvoll, weil sie einfach einzigartige, wunderbare Geschöpfe Gottes sind. Rufen Sie sich diese Einzigartigkeit in Erinnerung, indem Sie sich an das Wunder der Geburt Ihres Kindes erinnern, an Ihr Staunen und Ihre Dankbarkeit, als Sie Ihr zerbrechliches Neugeborenes im Arm hielten! Es ist immer noch dieses wunderbare Geschöpf, nur etwas älter. Lernen Sie wieder, den unvergänglichen Wert dieses Kindes zu sehen, und geben Sie ihm dafür immer wieder Wertschätzung. Machen Sie Ihrem Kind Komplimente, spiegeln Sie ihm seine Stärken!

Als Vater begegnen Sie Ihrer Tochter mit der Haltung: „Für mich bist du die Schönste! Meine Prinzessin! Wenn ich nicht Mama geheiratet hätte, hätte ich dich geheiratet." Vermitteln Sie Ihrer Tochter ihre Einzigartigkeit. Das muss sie aus dem Munde des Vaters hören! Wenn dieses Bewusstsein zum Schatz ihres Herzens wird, kann sie an sich glauben und wird sich nicht als Teenager dem erstbesten Jungen den Hals werfen, der ihr die Komplimente macht, die sie bei Papa nie gehört hat.

Ihrem Jungen geben Sie als Vater Stärke und Zukunftsperspektive, indem Sie immer wieder ausdrücken: „Ich glaube an dich. Du schaffst das, du wirst einmal ein toller Mann und du wirst mich in manchem übertreffen! Du wirst das schaffen. Schau mal, das kannst du sogar besser als ich." Vermitteln Sie dies, auch wenn Ihr Sohn so ganz anders begabt ist als Sie selbst. Da können Sie sagen: „Du bist anders, aber das ist okay. Du wirst deinen Weg finden und gehen. Ich bin stolz auf dich." Es ist die Aufgabe der Väter, ihren Jungen innere Stärke und Identität zu vermitteln. Jungen wollen den Vater als glaubwürdiges Vorbild, an dem sie sich auf ihrem Weg zum Mannsein orientieren können. Darum entdecken Sie das Potenzial in Ihrem Sohn und sprechen Sie es ihm zu. Das Wort des Vaters hat für ihn mehr Gewicht als das der Mutter.

Tipps für gute Elternschaft

Vielleicht sind Sie unsicher, weil Ihre Eltern kein Vorbild darin waren, wie man glaubwürdig Lob und Wertschätzung gibt. Haben Sie das als Kind vermisst? Schmerzt die Wunde noch, nicht gesehen und nicht gelobt zu werden? Ebenso leidet Ihr Kind, wenn Sie als Vater oder Mutter es nicht wahrnehmen und in seiner Einzigartigkeit bestätigen. Was hindert Sie, aus Ihrer verkehrten Familientradition auszusteigen und eine neue Tradition der Wertschätzung zu begründen?

Aber werden Sie auch nicht zu überbehütenden „Helikoptereltern", die ständig um ihr Kind kreisen, um es vor jedem Übel zu bewahren. Überbehütende Eltern tun ihrem Kind damit nichts Gutes, denn sie entmündigen ihr Kind und verhindern so, dass es ein gesundes Selbstvertrauen ausbildet. Ein Kind braucht angemessene Herausforderungen, um zu wissen: „*Ich* kann es schaffen!" Eltern, die selbst in ihrer Kindheit Mangel oder gar Gewalt erlebt haben, oder sehr gewissenhafte oder unsichere Eltern wollen alles richtig machen. Aber auch hochsensible Eltern, die unbedingt die Fehler ihrer Eltern vermeiden möchten, neigen zur Überbehütung und machen sich damit riesigen Stress. Dabei könnten Sie es so viel leichter haben. „Kinder brauchen keine vollkommenen Eltern, sondern ausreichend gute Eltern!", so hörte ich es kürzlich in einer Radiosendung von einem Erziehungswissenschaftler. Vollkommene Eltern sind erdrückend für ein Kind. Ja, wir Eltern dürfen Fehler machen, wir Eltern müssen nicht perfekt sein.

Wenn Kinder erleben, dass wir Eltern sie lieben und sie in ihrer Art annehmen, dass wir offen reden und miteinander Spaß haben, dass wir Nähe zulassen und uns um ihre Nöte kümmern und sie fördern und begleiten, dann wachsen sie emotional gesund auf. Es wird passieren, dass wir nicht alles im Blick haben, dass wir die Kinder enttäuschen und manchmal regelrecht versagen. Dann können wir diese zwei heilsamen Sätze aussprechen: „Es tut mir leid. Verzeih mir." Kinder, die das hören und unser Bemühen erleben, sind gerne bereit zu verzeihen.

Unsere Kinder brauchen ausgeglichene Eltern. Das bedeutet, dass Eltern gut für sich selber sorgen und ihre Kräfte gut einteilen, denn Erziehung ist kein Kurzstreckenlauf, sondern ein Marathon. Gelassene Eltern können besonders dem hochsensiblen Kind viel eher Selbstvertrauen und Selbstsicherheit mit auf den Weg geben. Ich möchte das an einem Beispiel deutlich machen. Bei jedem Flug erklärt der Flugbegleiter, dass im Ernstfall Sauerstoffmasken aus der Decke fallen. Und dann kommt der wichtige Hinweis: „Setzen Sie zuerst sich selbst die Sauerstoffmaske auf und dann erst Ihrem Kind!" Warum das? Bewusstlose Eltern können ihrem Kind nicht mehr helfen. In diesem Sinne denken Sie auch in der Erziehung als Erstes an sich selbst, an Ihr Wohlbefinden. Wo und wie kommen Sie selbst zur Ruhe, wenn Sie innerlich angespannt oder müde sind? Entspannte Eltern können viel klarer bedenken, was ihr Kind braucht und was ihm guttut. Kinder sind wie ein Spiegel. Die Ruhe der Eltern überträgt sich auf die Kinder, ihre Unsicherheit und innere Anspannung ebenso.

Was hat uns geholfen?

Eltern mit einer Verletzungsgeschichte sollten ihre Vergangenheit aufarbeiten, damit sie ihre Ängste und Befürchtungen nicht auf ihr Kind projizieren. Meist geschieht das subtil und unbewusst. Wenn der Ehepartner dann etwas korrigierend dazu sagt, kann es Streit geben. Wir kennen das aus eigener Erfahrung. Als Vater war ich – Dirk – herausfordernder mit meinen Kindern. Ich ließ ihnen mehr Freiheit und vertraute ihnen. Aber Christa war mit Ängsten, Einschränkungen, engen Grenzen und ungerechten Strafen erzogen worden. Als Mutter hatte sie Angst, mein herausforderndes Verhalten oder meine Grenzen würden den Kindern schaden. Es hat einige Jahre gedauert, bis wir ein gemeinsames Erziehungskonzept gefunden hatten. Das „Familienhaus" von Mühlans hat uns sehr geholfen.[2] Sehr bald haben wir dann selbst Vorträge zur Kindererziehung gehalten. Außerdem haben wir unsere Lebensgeschichte aufgearbeitet.[3]

Wir haben wiederholt gesagt, dass für hochsensitive Kinder die Familie und der Alltag ein hohes Maß an Sicherheit bieten sollte. Zum Sicherheitsgefühl trägt ein berechenbarer Alltagsablauf bei. Zeitabläufe sollten bekannt sein und sich wiederholen. Dazu gehören auch die gemeinsamen Mahlzeiten. Hochsensitive Kinder lieben Ordnungsstrukturen, die nicht einengen. Dazu gehören nicht nur übersichtliche Kinderzimmereinrichtungen, sondern auch klare Familienregeln. Diese müssen überschaubar sein (nicht zu viele), einfach zu verstehen und einzuhalten und dem Kind deutlich kommuniziert werden. Für alle Kinder ist es sehr schlimm, wenn zu Hause eine „Rate mal, wie die Stimmung heute ist?"-Situation herrscht. Sind Papa oder Mama schlecht drauf, gehen die Kinder in Deckung, denn sie wissen: Jetzt darf kein Streichholz zu Boden fallen – das wäre eine Katastrophe. Ist dagegen die Stimmung gut, können sie Geschirr zerdeppern und Papa wird es ihnen nicht ankreiden. Das sind Beispiele für stimmungsabhängige Regeln und Strafen. Kinder wollen klare, einfache Regeln und berechenbare Konsequenzen, die unabhängig von der Laune der Eltern gelten. Bei jüngeren Kindern haben wir Eltern die Regeln vorgegeben, weil wir wissen, was richtig ist. Wir haben jede Regel gut erklärt, aber nicht darüber diskutiert. Mit den älteren Kindern besprechen wir die Regeln, die für unsere Familie oder für ein Kind gelten. Und eine Regel muss immer gleich gelten, bis auf gut begründete Ausnahmen. Die Kinder lieben diese Zuverlässigkeit, es macht ihr Zuhause zu einem sicheren, berechenbaren Ort, wo sie entspannen können. Das gibt ihnen emotionale Sicherheit und lehrt sie, gute Strukturen für ihr Leben zu verinnerlichen.

Wir hatten eine gute Grundordnung in unserem Familienleben, aber keine erstickende Gesetzlichkeit. Unsere Ordnung ermöglichte ein Höchstmaß an Freiheit, ohne dass Chaos ausbrach. Wie ist das bei Ihnen? Haben Sie ein gutes Konzept für Ihr Familienleben und für Ihre Erziehung?[4] Ihre Kinder müssen sich als Erwachsene in einer vielfältigen und verwirrenden Gesellschaft zurechtfinden können, ohne unterzugehen. Die gesunden Denk- und Lebensstrukturen dafür erhalten sie zu Hause. Dort lernen sie, sich selbst zu organisieren, Nein zu sagen und Grenzen zu respektieren. Als Teenager werden einige sicherlich ausprobieren, was es heißt, im Chaos zu leben. Da stehen uns Eltern schon mal die Haare zu Berge, aber wenn wir gute Grundstrukturen gelegt haben, werden die Kinder darauf zurückkommen. Und siehe da, auf einmal sind es junge Erwachsene, die ihr Leben ordentlich meistern.

Mit dieser positiven Perspektive für Ihre Kinder möchten wir Sie entlassen. Ob „Orchideen-" oder „Löwenzahnkinder", in jedem Fall sind es Kinder mit einem großen Potenzial. Alle sind unterschiedlich, mehr oder weniger herausfordernd. Alle sind wunderbare Geschöpfe Gottes, in die es sich lohnt zu investieren.

Anmerkungen

Kapitel 1: Grundlagen

1. So erzählten uns Freunde, die über dieses Thema an vielen Stellen in der Welt gesprochen haben; vergleiche Lüling, Christa und Dirk: *Lastentragen, die verkannte Gabe*. Hochsensible Menschen als emotionale Lastenträger, Asaph, Lüdenscheid 2007.
2. Elaine N. Aron: *Sind Sie hochsensibel?* Wie Sie Ihre Empfindsamkeit erkennen, verstehen und nutzen, mvg Verlag, Heidelberg 2005, Seite 45.
3. Susan Cain: *Still*. Die Kraft der Introvertierten, Goldmann, München 2013, Seite 413 f.
4. Georg Parlow: *Zart besaitet*. Selbstverständnis, Selbstachtung und Selbsthilfe für hochempfindliche Menschen, Festland Verlag, Wien 2003, Seite 49–50.
5. Tor Nørretranders: *Spüre die Welt*. Die Wissenschaft des Bewusstseins, Rowohlt, Reinbek bei Hamburg 1997, oder hier: http://networkedblogs.com/m6f6O.
6. Lüling: *Lastentragen, die verkannte Gabe*, Seite 119.
7. Parlow: *Zart besaitet*, Seite 53–54.
8. Aron: *Sind Sie hochsensibel?*, Seite 30.
9. Birgit Trappmann-Korr: *Hochsensitiv – einfach anders und trotzdem ganz normal*. Leben zwischen Hochbegabung und Reizüberflutung, VAK-Verlags-GmbH, Kirchzarten bei Freiburg 2010.
10. Birgit Trappmann-Korr vertritt die Meinung, dass nicht beides gleichzeitig möglich ist. Georg Parlow teilte uns auf Nachfrage mit, dass AD(H)S und Hochsensibilität parallel vorhanden sein können, was uns von einem betroffenen Mann bestätigt wurde: Ihm fiel es leicht, seine empathisch-hochsensiblen (Lastenträger-)Anteile von den Auswirkungen seines ADHS zu unterscheiden.

Kapitel 2: Hochsensitive Kinder im Babyalter

1. Julie Leuze: *Empfindsam erziehen*. Tipps für die ersten 10 Lebensjahre des hochsensiblen Kindes, Festland Verlag, Wien 2011, Seite 11.
2. Elaine N. Aron: *Das hochsensible Kind*. Wie Sie auf die besonderen Schwächen und Bedürfnisse Ihres Kindes eingehen, mvg Verlag, München 2008, Seite 239.
3. Jan-Uwe Rogge: *Der große Erziehungsberater*, Rowohlt, Reinbek bei Hamburg 2005, Seite 84.
4. Leuze: *Empfindsam erziehen*, Seite 23.
5. Joachim Bauer: *Warum ich fühle, was du fühlst*. Intuitive Kommunikation und das Geheimnis der Spiegelneurone, Heyne, München September 2006, Seite 63.

Kapitel 3: Hochsensitive Kinder im Kindergarten

1. Aron: *Das hochsensible Kind*, Seite 336–338.
2. Andrea Brackmann: *Jenseits der Norm – hochbegabt und hoch sensibel?* Die seelischen und sozialen Aspekte der Hochbegabung bei Kindern und Erwachsenen, Klett-Cotta, Stuttgart 2005, Seite 122 f.
3. Ulrike Ravens-Sieberer, Nora Wille, Wolfgang Settertobulte: *Was fördert das gesunde Aufwachsen von Kindern in Familien?* Eine qualitative Studie im Auftrag der AOK – Die Gesundheitskasse und des Stern, durchgeführt von der Gesellschaft für angewandte Sozialforschung (G-E-F-A-S), Gütersloh, unter wissenschaftlicher Leitung des WHO Collaborating Center for Child and Adolescent Health Promotion der Universität Bielefeld (http://asset1.stern.de/media/old/media/pdf/studie.pdf).

Kapitel 4: Hochsensitive Kinder in der Schule

1. Aron: *Das hochsensible Kind*, Seite 409 ff.
2. Vergleiche Jan Uwe Rogge: *Kinder brauchen Grenzen*, Rowohlt, Reinbek bei Hamburg, 2002, Seite 73.
3. Markus Deggerich: „(K)eine Frage des Geldes" in: *Was Kinder klug und glücklich macht*, Spiegel Spezial 7, 2008, Seite 116.
4. Dirk Wolkewitz: *Lernen leicht gemacht*, Deutsche Fernschule e. V., Postfach 1420, 35524 Wetzlar, www.deutsche-fernschule.de.
5. Aron, *Das hochsensible Kind*, Seite 342.

Kapitel 6: Hochsensitive Teenager

1. Dieses Kapitel haben wir unserem Buch *Lastentragen, die verkannte Gabe* entnommen und etwas ergänzt.

Kapitel 7: Aspekte der Hochsensibilität

1. Brigitte Schorr: *Hochsensibilität*. Empfindsamkeit leben und verstehen (Reihe „Kurz und bündig"), SCM Hänssler, Holzgerlingen 2011.
2. Auf den empathischen Aspekt der Hochsensitivität gehen wir in unserem Buch *Lastentragen, die verkannte Gabe* ausführlich ein.
3. Catherine Crawford, *Ich fühle was, was du nicht fühlst*. Hochsensible Kinder verstehen, Patmos, Mannheim 2010.
4. Crawford, Seite 19.
5. Crawford, Seite 44.

Kapitel 8: Den Umgang mit Gefühlen lernen

1. Eberhard Mühlan/Andreas Schröter: *Total fertig oder voll gut drauf?* Helfen Sie Ihrem Kind, mit seinen Gefühlen klarzukommen, Schulte & Gerth, Asslar 1996
2. Das Bild mit den Antennen stammt aus dem Buch von Catherine Crawford, *Ich fühle was, was du nicht fühlst*.
3. Aron, *Das hochsensible Kind*, Kapitel 5.

Kapitel 9: Eine gute Perspektive

1. Leuze, *Empfindsam erziehen*, Seite 39–42.
2. Claudia und Eberhard Mühlan: *Das große Familien-Handbuch*. Erziehungstipps für alle Entwicklungsphasen Ihres Kindes, Schulte und Gerth, Asslar 1997.
3. Wir empfehlen Ihnen dazu eine persönliche Beratung oder das Team.F-Seminar „Versöhnt leben – Beziehungen klären" (siehe www.team-f.de), sowie Dirk und Christa Lüling: *Ein neues Herz will ich euch geben*. Gottes Verheißung und unser Beitrag, Asaph, Lüdenscheid 2011.
4. Wir empfehlen, zu diesem Thema gute Erziehungsbücher zu lesen oder das Team.F-Seminar „Kinder stark machen" (siehe www.team-f.de) zu besuchen bzw. die Vorträge des Seminars auf CD zu hören (erhältlich bei www.lebensspurmedien.de).

Literaturangaben

- Susan Cain: *Still.* Die Kraft der Introvertierten, Goldmann, München 2013.
- Elaine Aron: *Sind Sie hochsensibel?* Wie Sie Ihre Empfindsamkeit erkennen, verstehen und nutzen, mvg Verlag, Heidelberg 2005.
- Elaine Aron: *Das hochsensible Kind.* Wie Sie auf die besonderen Schwächen und Bedürfnisse Ihres Kindes eingehen, mvg Verlag, München 2008.
- Dirk und Christa Lüling: *Lastentragen – die verkannte Gabe.* Hochsensible Menschen als emotionale Lastenträger, Asaph, Lüdenscheid 2007.
- Julie Leuze: *Empfindsam erziehen.* Tipps für die ersten 10 Lebensjahre des empfindsamen Kindes, Festland Verlag, Wien 2011.
- Georg Parlow: *Zart besaitet.* Selbstverständnis, Selbstachtung und Selbsthilfe für hochempfindliche Menschen, Festland Verlag, Wien 2003.
- Brigitte Schorr: *Hochsensibilität.* Empfindsamkeit leben und verstehen (Reihe „Kurz und bündig"), SCM Hänssler, Holzgerlingen 2011.
- Birgit Trappmann-Korr: *Hochsensitiv – einfach anders und trotzdem ganz normal.* Leben zwischen Hochbegabung und Reizüberflutung, VAK-Verlags-GmbH, Kirchzarten bei Freiburg 2010. (Es geht u. a. um hochsensible Kinder, Unterscheidung HSP oder ADS.)
- Catherine Crawford: *Ich fühle was, was du nicht fühlst.* Hochsensible Kinder verstehen, Patmos, Mannheim 2010.
- Eberhard Mühlan/Andreas Schröter: *Total fertig oder voll gut drauf?* Helfen Sie Ihrem Kind, mit seinen Gefühlen klarzukommen, Schulte & Gerth, Asslar 1996 (beim Verlag vergriffen, Restexemplare zu beziehen bei Team.F).
- Claudia und Eberhard Mühlan: *Das große Familien-Handbuch.* Erziehungstipps für alle Entwicklungsphasen Ihres Kindes, Gerth Medien, Asslar 1996, 11. Auflage 2012.

TEAM.F
Die Lebenspraktiker.

Wir selbst haben erlebt, dass unser Ehe- und Familienleben tiefer und erfüllter wurde, als wir begannen, Gottes Ratschläge für unsere Familienbeziehungen zu befolgen.

TEAM.F-Seminarthemen im Überblick:

→ **Freundschaft und Ehevorbereitung**
→ **Paar- und Ehebeziehung**
→ **Eltern und Kindererziehung**
→ **Familie erleben**
→ **Trennung und Neuorientierung**
→ **Persönlichkeit und Seelsorge**
→ **Single sein**
→ **Frauen unter sich**
→ **Männer unter sich**
→ **Akademie und Fortbildung**

TEAM.F · Neues Leben für Familien e.V.
Honseler Bruch 30 · 58511 Lüdenscheid · Fon 0 23 51.8 16 86
Fax 0 23 51.8 06 64 · info@team-f.de · www.team-f.de

Lebensspur Medien

Vorträge im MP3-Format von Dirk und Christa Lüling erhalten Sie bei www.lebensspurmedien.de.
Themenbereiche: Erziehung, Ehe, Familienleben, Innere Heilung, Hochsensibilität
Sie können die Vorträge als Download kaufen oder auf einer MP3-CD bestellen.

Zum Thema Hochsensitivität empfehlen wir diese Vorträge:

▸ **Hochsensible Lastenträger verstehen**
   Ein Tagesseminar mit diesen Schwerpunkten:
   - Hochsensibilität verstehen
   - Verkannt werden in der Kindheit
   - Welche „Etiketten" trage ich?
   - Den Alltag bewältigen
   - Lasten ablegen

   MP3-CD; ca. 6 Stunden Vorträge von Christa und Dirk Lüling; Bestell-Nr. 6400; € 17,-

▸ **Hochsensible Kinder verstehen und begleiten**
   Dieses Tagesseminar diente als Vorlage für dieses Buch.
   MP3-CD; ca. 4,5 Stunden Vorträge; Bestell-Nr. 3900; € 15,-

Diese Vorträge zur Kindererziehung können wir empfehlen:

▸ **Starke Eltern – starke Kinder**
   Tagesseminar zu den Grundlagen der Kindererziehung
   Bestell-Nr. 3100; € 9,95

▸ **Schluss mit Machtkämpfen**
   Verhaltenstraining mit Kindern und Umgang mit Gefühlen
   zwei Vorträge, ca. 3,5 Stunden; Bestell-Nr. 3800; € 9,95

▸ **Umgang mit Gefühlen**
   Bestell-Nr. 323; € 4,-

▸ **Informationen für hochsensible Menschen im Internet**
   Sie möchten an Seminaren für Hochsensitive Menschen teilnehmen? Dann besuchen Sie unsere christliche Internetseite für Hochsensible Menschen www.feine-sensoren.de. Dort finden sie u. a. unsere Seminartermine. Gute Informationen zum Thema Hochsensibilität und ein Angebot für Gesprächsgruppen finden Sie auch hier: www.zartbesaitet.net.

Ein Standardwerk zum Thema „Hochsensitivität"

Dirk & Christa Lüling
Lastentragen – die verkannte Gabe
Hochsensible Menschen als emotionale Lastenträger
160 Seiten – Paperback – Best.-Nr. 147387

In Ihrer Buchhandlung oder direkt bei www.asaph.net

Auch in englischer und holländischer Sprache erhältlich

Dirk & Christa Lüling
Sharing the Burden
The Gifting of Highly Sensitive Burden Bearers
152 Seiten – Paperback – Best.-Nr. 147471

Hooggevoeligheid – een miskende gave
Als hooggevoeligen teveel lasten dragen
160 Seiten – Paperback – Best.-Nr. 147456

In Ihrer Buchhandlung oder direkt bei www.asaph.net

Von den Autoren außerdem erhältlich

Dirk & Christa Lüling
Ein neues Herz will ich euch geben
Gottes Verheißung und unser Beitrag
248 Seiten – Paperback – Best.-Nr. 147441

In Ihrer Buchhandlung oder direkt bei www.asaph.net

Wege aus dem Trauma

Ulrike Willmeroth & Ursula Roderus
Berufen zum Königskind
Gefangen im Trauma – Durchbruch zur Freiheit
288 Seiten – Paperback – Best.-Nr. 147437

In Ihrer Buchhandlung oder direkt bei www.asaph.net

Grundlagen der Traumatherapie

Ursula Roderus
Handbuch zur Traumabegleitung
Hilfen für Seelsorger, Berater und Therapeuten
440 Seiten – Paperback – Best.-Nr. 147438

In Ihrer Buchhandlung oder direkt bei www.asaph.net